邵飘萍

铁肩担道义，辣手著文章

方汉奇 罗章龙◎等著

中国文史出版社

图书在版编目（CIP）数据

邵飘萍：铁肩担道义，辣手著文章 / 方汉奇等著 .
-- 北京：中国文史出版社，2020.1
（百年中国记忆 . 报人系列）
ISBN 978-7-5205-1259-6

Ⅰ . ①邵… Ⅱ . ①方… Ⅲ . ①邵飘萍（1884–1926）
—生平事迹 Ⅳ . ① K825.42

中国版本图书馆 CIP 数据核字（2019）第 188564 号

责任编辑： 徐玉霞

出版发行：**中国文史出版社**
社　　址：北京市海淀区西八里庄 69 号院　　邮编：100142
电　　话：010—81136606　81136602　81136603（发行部）
传　　真：010—81136655
印　　装：北京新华印刷有限公司
经　　销：全国新华书店
开　　本：16 开
印　　张：17.25
字　　数：300 千字
版　　次：2020 年 1 月北京第 1 版
印　　次：2020 年 1 月第 1 次印刷
定　　价：52.00 元

目录
contents

第一辑

生平传略：壮志未酬身世了，哀极天涯

邵飘萍传略

杜钟彬

一

邵飘萍出生于公元1884[①]年，即清光绪十二年（甲申），原籍浙江东阳县南马区五十六都紫溪村。兄弟五人：长新苏、次新华、三新富、四新城（即飘萍）、五新昌。姊妹四人。其父邵桂林字坦茂，单名茂。因儿女众多，在东阳无法谋生，迁到金华去开设歇家（是当时打官司人的寓所），为人撰状，当土律师；也当过私塾的塾师，到后来搞饲鹿事业，家道渐裕。邵飘萍生于金华，幼时天资聪敏，但甚淘气。在私塾读过四书五经，不肯用功，常受父亲之严厉教训。学习八

① 编者注：邵飘萍出生时间有两说，一为1884年，一为1886年，待考证。

股文章，参加清朝科举考试，1898年进了学，为秀才，时年仅14岁。15岁时曾到我村来拜过客，因此有人误认他是15岁进学。这是邵飘萍在幼年读书的情况。

1905年（光绪三十一年乙巳），邵入浙江高等学堂。1907年（光绪三十三年丁未），以优等毕业。1908年至1910年任金华府中学堂历史、国文教员。1911年邵在杭州与杭辛斋一起办《汉民日报》。1912年邵遭逮捕三次，下狱9月，《汉民日报》被当时袁世凯政府封闭。1913年邵为避袁世凯通缉，流亡日本，即在日本读书。所入学校众说不一。《紫溪草谱》说是日本东京帝国大学，另据周天鹏听邵钦樾、吴义陶等说是振武学堂，又据潘公弼说是法政学校。但有可能是他所进学校，先后不同。他住过的地方，据了解有如下两处：（一）日本福田公寓，此处离早稻田大学甚近。（二）日本大阪海泉寺。

二

邵在日读书时，组织东京通讯社，为京津汉沪著名报纸司东京通讯。1915年冬（民国四年乙卯），邵受沪友电召回国，为上海《时事新报》《时报》《申报》主笔。1916年6月（民国五年丙辰）袁世凯败死，邵飘萍继黄远庸北上，为《申报》驻京特派员。稍后，创新闻编译社（为国人首创之通讯社）。1917年（民国六年丁巳）10月5日创设《京报》。此时并在北京大学、法政大学、平民大学任教，讲授新闻学。1918年（民国七年戊午）夏，因抨击安福系内阁，《京报》被封，邵乔装逃沪。1919年（民国八年己未）2月受《朝日新闻》之聘，为《朝日新闻》顾问，此时邵再度前往日本。1919年直皖战后，安福系瓦解，《京报》复刊，邵辞去《朝日新闻》职务归国。

邵著有《实际应用新闻学》（1922年9月）、《新闻学总论》（1923年6月）、《新俄国之研究》（在《朝日新闻》时代）、《各国社会主义思潮》等书。此外，他还写了很多通讯、社论，他的著作是十分丰富的。

他在《实际应用新闻学》内提倡新闻记者广交朋友。上至官僚政客，下至贩夫走卒以及听差老妈子等，都要交际，谓对探索新闻有很大帮助。

他探听新闻，具有机警灵敏的特性。记得在北京北洋军阀政府时期，有一次，他乘脚踏车潜入国务院会议室隔壁，窃听国务会议的秘密消息，当夜暗中乘脚踏车出来。第二天，别的报纸都没有这项新闻，只有《京报》上对这项消息全部刊登出来。当时这些军阀政府的官僚，都感到异常惊奇。他反对当时军阀政府的首要人物，如讽刺浙江省都督朱瑞谄奉袁世凯等为猪（朱猪谐音）、猿（指袁世凯）；讽刺浙江省巡按使屈映光文字不通，说他只认识像方箩大的几个字，没有几个稻闸（即稻桶）可装。并说他写一个“打扫天井”的条子，竟误写为“打扫天下”。讽刺袁世凯是猴子，段祺瑞狗屁不通。段祺瑞曾以执政府执政名义，召开善后会议，他称之为“恶后会议”。“三一八”惨案时，反段更为激烈。又骂张作霖为众叛亲离的奉民公敌，骂吴佩孚除通电以外一无所成。据说：当时吴佩孚案头上写有“邵飘萍”三字，目之为眼中钉。

三

邵飘萍反对军阀和官僚政客，不怕冒风险，有强烈的正义感。记得1921年至1922年间，我在国立北京美术专门学校图画手工师范系读书时，看到《京报》元旦特刊上刊登各军阀照片，并揭露他们的劣迹，十分尖锐。照片上标题是：“奉民公敌张作霖”“直民公敌李景林”“鲁民公敌张宗昌”；“冯玉祥将军”“王承斌将军”“张福来将军”等。他自己的照片也刊出报上，题“本社社长邵镜清”等字样。又记得在1926年3月18日李大钊等领导群众到石狮子胡同执政府请愿并示威游行，执政府卫队枪杀和伤害学生群众多人，邵飘萍都把这些死伤学生群众拍成照片刊登在《京报》上，称之为某某烈士。

1926年（民国十五年）4月间，段祺瑞（自称执政府执政）及奉系军阀张作霖掌握实权，与曾被他们打倒的直系军阀吴佩孚取得谅解，恢复合作。同时直鲁联军从河北、山东进驻北京。这时北京政局异常混乱。北京城内军阀机关林立，有各个军阀成立的卫戍司令部、警卫司令部，还有首都警察厅。北京城内各路公共汽车上的乘客，常是肩背皮带、腰挂木壳手枪的军人，他们不买车票，随意上下车。车上经常军人满座，拥挤不堪。百姓买票上车的，反而得不到座位。这时冯玉祥军队已退出北京、天津一带，开到西北地区，在这种情况之下，当权得势的多是从前被邵飘萍反对或攻击过的人。以前每次北京政局发生变化时，他往往利用军阀间的矛盾灵活机警地获得了安全。可是这一次就与以前大不相同，因为他倾向革命的色彩较为浓厚，与冯玉祥的关系又较为密切。因此飘萍只得暂时避居北京东交民巷德国医院内“养病”了。在这种恶劣环境下，军阀走狗，有在汽车上散发传单，讽刺攻击邵飘萍为“卢布党”记者的（指当时冯玉祥军队亲苏）。当时飘萍的堂弟（泛萍）捡到一张传单，拿给飘萍看，他说：没有关系，不要理它。他后来在《京报》上登载一则声明，略谓：本人到现在为止尚无党籍，既非国民党，又非共产党。我平日有何事得罪于你们。你一党，我一派，究竟为何乘机诬蔑而攻击云云。被讽刺打击者见报，恼羞成怒，在报上登出启事反骂说：“我们不指名、不道姓，你何必在自己脸上贴金？……”当冯玉祥的西北军从北京退出时，飘萍曾经撰写一篇文章在报上刊登，颂扬西北军纪律森严，步伐整齐，对人民财物秋毫无犯等。查当时西北军纪律很好，确是事实，但他表扬西北军，无异是批评了其他军阀军纪的败坏，自然要引起反对派散发传单来讽刺打击、阴谋陷害了。

飘萍因风声紧张，避居东交民巷德国医院，为日稍久，感到忧闷不舒，又听说外面风声已变得缓和了，很想回到《京报》馆里来看看。4月22日这天，在《京报》上发现某一个标题排版有了错误，据说已经有电话打到报馆里叫他们今后要留心，并设法更正。于是他就乘自己的一辆汽车，回到北京魏染胡同《京报》馆里，和他爱人汤修慧谈话一个多小时，他还说将来回到家里后，要多请几席客，大家聚会聚会。

他从《京报》馆里出来，准备乘坐自己的汽车回德国医院，讵料此时已有密探等在车中。密探问飘萍道："你是邵老爷吗？"他应声说："是。"这样，密探认清这人确是邵飘萍。后来这辆汽车开到了北京首都警察厅。警察包围《京报》馆，门口设岗，不准出入，并在报馆内搜查。据说搜出了冯玉祥聘请他为军事顾问聘书一纸、军事电报密码一本、和冯玉祥合影的照片等物，作为他犯罪的物证。但军阀阴谋，无所不至，欲加之罪，何患无辞，以上物证，是否实在，值得怀疑。当时我在北京丰盛胡同务本女子大学任教。飘萍是女大的校长，我听东阳同乡和飘萍的亲属邵逸轩、邵泛萍等说，飘萍已失踪了，究竟被何机关抓去也不了解。过一会儿，才知道是被奉系军阀张作霖的暗探把汽车直接开到警察厅里去了。大家就千方百计设法营救。记得当时有人建议说，奉系军阀张作霖是赵尔巽提拔的，托赵去讨情，可能有效，但亦不知有否去同赵说过。第二天（4月23日）北京城约有13家新闻记者激于义愤，集合在一起，前往请愿，略谓我们是为保障人权而来，请求释放邵飘萍的。对方回答说：你们跟邵飘萍都是知己朋友，今天为他请愿，人事已经尽过了。邵飘萍也已有名誉了。现在我们虽然在此地谈说，可是飘萍是否在人世，已不可得知。态度非常坚决，不答应释放。各新闻记者扫兴而回。4月24日上午黎明时分，有好几辆汽车开来（其中一辆坐监刑官，一辆坐邵飘萍），多名警察分列两旁，把他押赴天桥刑场执行枪决。当时北京各报刊都有详细报道。枪决以后，就把尸体拍成照片出示布告，张贴各处示众。被杀的罪状是："《京报》社长邵镜清（飘萍）宣传赤化，贻误青年，毒流全国，罪大恶极"等语。邵死后其尸体装在薄板钉的棺材里，埋在崇文门外义冢墓地上，前面插一根木牌标志，写着"邵飘萍墓"字样。一面通知家属前往收殓，并在《京报》馆门口解除警察武装。到了第二天（4月25日）我们因为既是同乡，又系务本女大同事关系，所以偕同他的亲属一道到崇文门外二郎庙地方，把埋在泥土里的棺材挖掘出来。开棺后看到飘萍尸体，子弹从后脑进入，向前面左颊部位穿出，成一个三角形似的。头发蓬乱，血迹斑斑。他身穿华丝葛长衫，黑色纱马褂，丝光袜，红皮底黑色缎面鞋。当见到他那种被残酷杀害的惨状时，邵泛萍、邵逸轩等，莫不悲怆万状，卧地打滚，痛不欲生。女的眷属，有以手帕掩面，呜咽哭泣，并焚烧香纸、冥钞、冥洋等物以表哀悼。还有亲属用清水和药水棉花把他的面部血迹仔细地洗刷干净，把衣服重新整理，换放在楠木棺材里，并用丝绵铺上盖好，送置北京殡仪馆。其家属邀请西藏喇嘛十余名，诵念藏经。因那时社会习俗，崇尚迷信，认为如此可以超生云。

飘萍原任务本女子大学校长，此校每月开支计七百多元，教师是每月只发几元或十几元车马费，尽义务性质来任教的。飘萍被害以后，女子大学无法维持，只得停办了。所有校具仪器等物，都送给北京东方大学校长余天休了。我同郭维城等人，从此也失业了。

邵飘萍被害后不久，又有北京《社会日报》社社长林白水被奉系军阀杀害。当时《社会日报》规模不如《京报》大，经济亦不如飘萍宽裕。但是他的社论主笔，立言正直，立场坚定，思想进步，说话尖锐，与飘萍同样站在人民这一边打击着军阀，致遭杀身之祸。当时有人这样说：前有邵飘萍，后有林白水，他们性情相似，遭遇相同，遥想他们两人，会晤九泉之下，还当含笑。飘萍被难后，冯玉祥对他的评价，有如下两语："飘萍一支笔，抵过十万军。"

（选自《文化史料》第 4 辑，1983年1月）

飘萍家世及其青少年时代

邵寿生

在晚清的时候，浙江省东阳县南马乡附近有一个小山村叫紫溪，这个村子里的人家大部分姓邵。在邵氏宗祠的厢房里，住着一户人家，一个中年妇女靠织布为生，带着三个孩子艰难度日。因为孩子们的父亲随太平天国侍王的军队南下福建，一直音信杳然。其中第二个孩子名叫邵桂林（1852—1931）。他的伯父到了中年虽有一个男孩，却是个傻子。感到凄凉，就着意培养这个侄儿在私塾念书，后来这孩子居然考取了秀才。他从小喜欢武术，拜当地一位盲僧为师，学会了一身武艺。到了清末，由于政治腐败，国耻日增，遂无意于仕途。将他的秀才以500大洋卖给富家子弟，在家乡以办私塾为生。其妻徐凤珠，是贫苦农民家的女儿，有贞德，很能吃苦耐劳，常帮人做短工以维生计之不足。

本村有个土豪，因欺凌其伯父，邵桂林自幼受伯父培养，对伯父敬如父母，因此气愤难平，遂至殴斗，从此结下冤仇。明则涉讼官府，暗则械斗，土豪每欲置邵桂林于死地，以此无安宁之日。有一次邵桂林听到好友相告："土豪欲雇用无赖行刺。"一天深夜邵桂林做好戒备，假装挑灯读书。刺客破门而入，由于他有一身功夫，刺客见有戒备未敢动手。又一次遇到被土豪雇用的八个无赖，手持朴刀，步步进迫，他情急生智，退到一条小桥上，脱下长衫，每当朴刀接近时，挥舞长衫把好几把朴刀裹住打落水下，在收禾农民的帮助下，虎口逃生。曾经隐居在东阳县王坎头一年多以教书糊口。好友劝说邵桂林不如高飞远走，这年他已31岁，他对妻子徐氏说，我们到金华去吧！那里有白米饭吃。他的妻子听了半信半疑，流着眼泪无言以对。因为这位纯朴的妇女，很少吃到过白米饭，一年到头都是萝卜叶晒的菜干做成的菜饭充饥。土豪步步进迫，邵桂林于1883年腊月仓促带着妻儿离开家乡，那时大儿子新祚已11岁，牵着一头羊，其他两个较小的孩子新旺和新富放在箩筐里挑着。身上只带着1200文铜钱，走了四十多里已到义乌县佛堂镇，眼看天色已晚，又饥又渴，投宿到一户正在建造新房的人家。时近年关，华灯初上，充满着节日气氛。这户人家正想找人写对联，邵桂林毛遂自荐，主动为主人写了几副对联。主人见他写得一手好字，知是读书人，便有几分敬意，很客气地招待晚餐。第二天早晨，看鞋子已破烂，摸摸口袋舍不得花钱买双鞋，咬着牙赤足步行到金华。

上无片瓦，下无寸土，邵桂林到了金华无处栖身，借居在金华县东市街一位曹姓的同乡家里。这户人家的主妇很贤惠，对这五口之家的不速之客以礼相待，借给住房暂为栖身。邵桂林移住金华之后先是和同乡有些来往，因为他是一位颇有名声的私塾教师，渐为邻里所知。先是后街有一家同乡的子弟前来就读，为办私塾，遂移居东市街芝英考寓，因为当时考寓一类寓所，是供各县考生来金华府应试时临时居住的，考寓较宽敞而房租便宜，又宜于办私塾。邵桂林先后在金华县城芝英考寓、金华农村唐宅、天姆山、石门、兰溪诸葛等地设馆授徒。他的门下考取了一批秀才，邵桂林渐为当地人所器重。邵桂林是一位正直的书生，遇有不平事，代人写状打官司，以往金华唱道情，有一出《城楼记》就是说的邵桂林抱不平打赢一起冤案的故事。邵桂林是一个瘦长的高个子，他60岁时尚能提起100多公斤的石鼎子。晚年以钓鱼为乐，他写过一首诗，其中有“持竿垂钓乐渔鱼”之句。

1886年10月11日，邵桂林之妻徐氏在金华县东市街芝英考寓生下第五个孩子，这个孩子取名叫新成（邵桂林共有九个孩子，五子四女）。他是一个宿命论者，信阴阳之说，钻研《周易》。平时除教书外，喜欢排八字，看风水。他每生下一个孩子都要给孩子排八字，邵桂林根据这孩子的出生年月和时辰为丙戌、戊戌、甲辰、甲戌，邵桂林口中念念有词：“三戌冲辰祸不浅”，这孩子注定要多灾难。

那时家境清贫，邵桂林从早到晚诗云子曰，每日要看管十几个学生，他妻子要照顾五个孩子外，还要为这些学生做饭，非常辛苦。所以新成这孩子自幼由其大姐新月抚抱看管，其时因新月给东阳王坎头王家为童养媳，因受公婆虐待逃回娘家，因此新成和他的大姐感情至深。到五岁时即随父在私塾读书，记忆力很强，聪敏逾常人，会用小刀在竹根上刻上许多花纹和字。其父对这孩子教育极为严格，天未晓就催他起床，如果贪睡就是一脚蹬过去，直到哭起来。偷懒时令其跪地，边朗读边用长杆烟筒头击其头部，有时打出许多泡块方止。新成为了摆脱其父体罚，他把一些草木灰放在帐顶，暗暗用脚挑动帐子，对父亲说："爸爸，灰尘太多，我不跟你睡了。"他跟那些学生睡在一起，晚上夜读以后悄悄地溜出去抓蟋蟀。新成渐渐长大起来，四书五经已读过半，能作诗答对，在县城里这股风不知何时传到金华知府满人继良那里。新成八岁那年，有一天家里来了一个衙役，要把新成背到知府衙门里去。他母亲始则很纳闷，继而有些害怕，这是为什么呢？原来继良要亲自试一试这个孩子的才能。继良见这孩子一点不怕生疏，随手拣了一个铜钱，刚好这个铜钱已经缺了一块，他说小娃娃打一字来，新成随口答应，"不成方圆"。因为铜钱外圆，内方，缺了一块，圆的不成圆了，方的不成方了。又问七问八读过哪些书，新成回家时知府赠给一包东西，其中有两百个大方钱，还有糕点之类的东西。以后知府继良和姓王的知县常召去作诗答对，当他们满意时便有赏赐。

邵桂林是个穷儒，家口又多，为了糊口也时常到金华农村或外县兰溪、衢县等地坐馆。他的学生一般年龄均较大，但多半为富家子弟而想求取功名的，他总是随身带着新成，而新成是学生中最年轻的一个。有一年在金华农村唐宅坐馆，住在唐桂燕家里。此时新成久患痢疾，他父亲用忌食的方法来治疗，而新成因久痢不愈而更加嘴馋。机会终于到来了，有一位朋友，蒸了一碗陈年火腿送给邵桂林，他也舍不得一下吃光，放在书箱里，却为新成侦知，他偷偷尝了一片，多鲜美的火腿啊！久痢之后，忌食油腻，嘴是多么馋啊！他面对佳肴，忘了父亲会严加责罚，二片三片……最后只剩下一只空碗才惶惶然有些害怕了。邵桂林发现火腿没有了，有点冒火，“新成！是你食了吗？”“是我食了。”新成战栗着，“为什么食个精光？”“因为太好食了。”面对瘦弱的孩子，邵桂林手软了，以致一点也没有责罚他。而那天晚上他却整整拉了一夜，而痢疾却从此好了（这是一件真实的事，我曾请教过飘萍的一个外甥，他是一位老中医，据他说营养不良引起的痢疾陈年火腿可能吃好）。

时过境移，新成十岁时，这一年邵桂林在金华农村天姆山一座经堂里坐馆（门前二株他父子手植的松树长到三四丈高，苍劲挺拔，当地的老人会谈起种树的人来，可惜在“十年浩劫”中砍掉了）。有一天，邵桂林外出访友，嘱咐一个年长的学生代管，父亲不在这就是新成的天下了，他玩够了，回到屋里，侧目一看，是个学生坐在爸爸位置上，他就大模大样地踱了进来，口里念着：“望之不似人君，就之而不知所畏也。”此话发自一个小孩之口，同学们无不称奇。后来又在石门坐馆，新成把一个同学的书涂了许多字，那个同学就把此事告诉老师，这下他父亲恼火了，一定要打手杖。后经一位年长的学生求情，才关进一间小屋，丢进一本书，要在一定的时间里背出指定的文章。其中一个同学叫倪为卿，素知老师说话是算数的，处罚是严的，深为他背不出而担心，数次到窗下劝他发狠读，但新成只把书翻来覆去若无其事，等到叫背时却一字不漏（飘萍成名之后，他采访新闻常不记录，只用铅笔在西装口袋里记些要点，回报馆后则一气呵成，其记忆力之强，非常人所能做到）。

有一次，一批邵桂林的学生应童子试，大凡应试之年，考生云集金华府。这些学生借宿在芝英考寓老师家里。那年应试的题目是“兵革”两字。考后大家都在议论各自得意之作，不时发出欢笑声。正在这时突然传来了讥笑声：“你们作错了。”这声音是从门口衣着平常、头上梳根小辫子的年方12岁的小鬼的口中冒出来的，这孩子就是新成。这句话是带有轻视性的语言，这些考生有些发呆了。内中有个叫思藻的简直冒火了：“你这个小鬼知道个屁！”然而这小鬼并不畏缩，而且踱进来了，口里还滔滔不绝地讲出他的见解。这些考生由于不切题意终于无人考取。新成13岁那年（1899年）恰遇上考期，他父亲鼓励他去试试，新成自己却认为理所当然地要去应试。他父亲给他取了一个正式的名字叫邵锡康。考官根据他的成绩本可录取在第一名，为怕他骄傲，把他录取在第十名，因为那时候新成已早为官府所知的人物了，知县觉得锡康这名字不好，给他取名镜清。

从1889年到1902年，由于晚清腐败，政局动荡，当时金华有位知名人物张恭（1877—1912）早年中举，富有民族革命思想，与同乡志士组织龙华会等秘密团体，后龙华并入光复会，张恭任光复会分统。1907年，徐锡麟、秋瑾准备起义，事泄，逃亡日本。张恭为人有胆有识，谈吐豪爽，邵镜清是秀才，张恭是举人，同在一个县城里，社交场合渐有接触，后来他们成为常有交往的朋友。1912年邵镜清在杭州办《汉民日报》时，张恭曾到杭州探望过，不久病故。张恭在金华农村曾组织一支武装力量，以组织戏班子为掩护，在金华农村活动，人称张恭小班。张恭亦秘密入城活动，有一次被清兵发现，追捕甚急，而城门已关闭，仓皇逃遁，其时邵桂林居住在花溪考寓（离芝英考寓不远），适为邵桂林所见，当即指引他避入对过一荒园柴火堆。入晚邵桂林与其长子新祚用梨篮和长索把他从城墙放下而脱险（这则故事是由邵桂林亲自对他的儿孙们讲述而留传下来的）。辛亥革命后，张恭自任金华民团长，有一次邵桂林手提酒壶外出打酒（邵家于1906年移住游宅街），当时张恭民团驻在火神殿附近，偶尔遇见张恭，张恭一把抓住邵桂林，他说："你是我真正的朋友。"当即款待邵桂林。当时邵桂林想起一把酒壶还忘在门口窗台上想去拿酒壶，张恭开玩笑说："如果丢了，赔你一把金酒壶。"

1902年秋邵镜清由其长兄新祚陪同赴杭州浙江高等学堂读书，到达后其长兄从陆路步行回金华，路遇一条河沟有几条鲶鱼在游动，他即下水捕鱼，因山水冰凉，当即打了一个寒战，旋觉身体不适。回家后即病情加重，不久病死，镜清闻之甚为悲痛。当时家境清贫，邵镜清读书的费用是从金华一家商号王兴泰借来100元，他的朋友金兆丰也有所帮助，他的大姐新月也资助过他。镜清感激其姐，后来曾多次对汤修慧夫人说起过，新中国成立以后汤修慧夫人还念及此事。邵飘萍曾把新月长女王宝英送到杭州女师就读，后又进北京平民大学深造，毕业后飘萍通过党组织将其外甥女于1924年送往苏联莫斯科东方大学留学。

邵镜清受维新运动的影响。此时一切科举致仕的念头均已烟消云散。他在高校读书时接触到许多书报杂志，眼界顿时开阔起来。他很喜欢读梁启超的文章，并刻意模仿，为上海《申报》、杭州《汉民日报》，司地方通信，以激烈之言论揭露地方土豪劣绅之恶劣行径。据祝文秀回忆，邵在离校时与秋瑾、徐锡麟等人就有联系，秋瑾被捕前曾写信给邵镜清，信收到时秋瑾已被害，邵为之叹息不已。邵镜清文史颇有根基，此时又接触到数学、物理、化学等新学科。他读书勤奋，考试第一，成绩为同学之冠。同班的一个同学出于嫉妒，故意把别人的书塞进他的书桌，诬他偷书，校长很了解他，知道这件事是别人栽赃，曾私下劝他考试不必太认真，以免树敌过多，他甚不以为然。

邵镜清于1905年秋杭州高等学堂毕业后回金华教书，他在金华中学堂、长山书院等三所中学兼课，教授国文、历史。因交游甚广，常入不敷出。这一年他由父母做主，与朱店的一位农村姑娘沈小奶结婚。沈小奶眼睛有些近视，结婚时女方没有陪嫁，男方没送彩礼，新房里放着一张旧床和几样旧家具，被褥均是旧的，不久生了一个女孩取名姣姣。

在金华中学堂附近的酒坊巷，有一家小照相馆，主人姓汤，早年当过师爷，只留下一个独生女儿名修慧，镜清因常去照相而逐渐熟悉，后由双方父母做主，于1908年在汤宅结婚，在他去办《汉民日报》之前的这段时间里，居住在这里。

前面已提到邵镜清在1905年与沈小奶结婚，为什么又在1908年娶了汤修慧呢？这里主要是他父亲的缘故，邵桂林自幼受伯父母培养，伯父去世后，其伯母仍由邵桂林赡养，为怀念其伯父无嗣遂将镜清过继给伯父为子，当时习俗，一子承祧两房，每房可以各娶一妻。

由于1911年辛亥革命成功，浙江光复。邵镜清于1912年去杭州，他是一个具有热烈理想的人，想离开金华这个小地方，出去干一番事业。然而1911年金华中学堂一些纨绔子弟因不求上进，曾经受到邵镜清的严厉批评，因而引起不满，曾起来闹事，也是促进他起了早日离开的念头。他到杭州之前，并未与杭辛斋先生言定去办《汉民日报》，而是在茶馆偶遇，因过去邵镜清常给《汉民日报》及上海《申报》司地方通讯，两人一见如故，杭辛斋邀请邵镜清担任编辑。后因杭辛斋君当选为国会议员赴南京就职，遂委任邵镜清主编《汉民日报》。他在主办《汉民日报》期间，议论锋发，被推为浙江报业公会干事长，并主编《浙江公报》。在反袁斗争中他称袁为独夫民贼，言辞激烈。袁世凯曾两次派人谋刺邵镜清，一次用手榴弹投《汉民日报》屋顶，一次跟踪为邵镜清摆脱。在杭办《汉民日报》时，地方恶势力经常唆使地痞流氓前来勒索和捣蛋，飘萍不买他们的账，流氓们忌恨在心。有一天下午，流氓公然窜进报社纵火破坏，刚刚把火点着，就被报社里的人发现，迅速将火扑灭，使流氓们的行动未能得逞。一天下午飘萍刚写完一篇稿件，出门散步，没走多远，就又有一群流氓前来纠缠。其中一个跑步冲向飘萍，故意将他的眼镜撞落摔碎，企图挑起事端，动手打人。飘萍不为所动，泰然自若把眼镜拾起来，放进口袋，抬腿就走，临行还向他们拱手说：“对不起！”流氓们无法下手，只好作罢。邵镜清反袁斗争中，在杭秘密会见过王兴（可能是黄兴。——编者），并与褚辅成一班人有所谋划。此时他交结很广，常到上海采访（当时戴天仇亦为《汉民日报》写时评），遂以二次革命嫌疑下狱。据祝文秀回忆录中提到镜清在狱中，狱中昏暗潮湿，臭虫很多，飘萍狱中无事，就弄来一张纸，将一只只臭虫抓起来，包在纸内。出狱那天上午，县官提他问话，无非是打一通官腔，最后问他，“你还有什么话要讲”，镜清回答县官说，“县太爷你这里别的还可以，就是这个东西让人不得安宁，请你看看！”说着把纸包打开，把臭虫撒在县官书案上，爬得满桌都是，县官吓得连忙躲开，并立即把差役喊来，让他们赶快把臭虫弄掉，当天下午他就把镜清释放了。1913年《汉民日报》被袁世凯电令封闭。邵镜清曾从陆路骑一匹白马回金华（这是飘萍最后一次回金华）。当时有四人护送。到金华后护送人即回杭州，不久由邵桂林、汤修慧夫人陪同从兰溪乘船回杭州。回金华时以及路过兰溪县一路上有许多朋友迎送，待到1914年腊月邵镜清从上海赴日本留学。

本文根据邵家一批老人：邵伟（时年85岁，飘萍之侄）、申阿鸾（时年85岁，飘萍之侄媳）、王石玺（时年73岁，飘萍之外甥）、卢雪生（时年68岁，飘萍之外甥）等人的回忆写成。

1984年10月

邵飘萍革命的一生

季晓岚*

邵飘萍，名新成，字镜清，学名锡康，笔名阿平、素昧平生。浙江省东阳县大联乡紫溪村人。昆仲五人，飘萍行四，还有姐妹四人。父坦懋，字德才，号馥斋，又号似海，学名桂林，廪贡生，以设帐课徒为生。子女多，家累重，脩金不足以糊口，遂于光绪丙戌腊月，迁金华开设“歇家”（是当时替人打官司写状子的寓所）当起讼师；同时，仍操塾师旧业。后来又兼营养鹿，因而家道渐裕。

一

邵飘萍幼承庭训，聪颖好学，才思敏捷，14岁成了秀才，但他不

＊ 作者系浙江东阳县政协副主席。

迷恋科举，而致力于声光化电等自然科学。1906年考入浙江高等学堂（浙江大学前身），同窗有陈布雷、邵元冲等。课余，常给上海《申报》等报社投写地方通讯。那时报纸上不断讨论“救国之道”。邵飘萍认为报纸所起作用重大，向往“新闻救国”之道。后来他回忆说，从当时书报杂志中，明白了种族大义，懂得了中国唯一出路在于改革。而要改革，就要唤醒民心，于是决心做一名无畏的呐喊者。在读书期间和革命党人秋瑾、徐锡麟有联系。秋瑾被捕前曾来信，迨信收到时，秋已被清廷杀害，邵曾为之叹息不已。1909年夏，邵毕业于浙江高等学堂。在金华中学堂教授国文、历史课，并继续为《申报》写地方通讯，后被聘为该报的特约通讯员。

辛亥革命成功，1912年（中华民国元年），临时政府宣布约法，规定：“人民有言论著作刊行之自由。”一时冲破了新闻言路窒息之空气，激励了邵飘萍“新闻救国”的热情，决心辞去教师工作，到杭州谋求新闻职业。杭州《汉民日报》社长杭辛斋聘任邵飘萍为主编，从此开始了新闻工作的生涯。不久，被浙江新闻界推为省报界公会干事长。

此时，邵飘萍已是“南社”的成员。他与宋教仁、郁华、杨玲等皆是“南社”中的英勇战士。

独夫民贼袁世凯篡夺辛亥革命果实后，杀机毕露，倒行逆施，对内大肆破坏民主（暗杀宋教仁等），对外丧权辱国大借款（重点在五国银行善后大借款）。由于袁贼恶迹累累，全国舆论群起而攻之。邵飘萍笔锋犀利，言论尤为激烈，不遗余力抨击虐政。与此同时，《汉民日报》为民喉舌，对那些横行乡里的贪官污吏和劣绅恶棍进行了无情的鞭挞。锋芒所向，直指当局。因此，邵飘萍同杭辛斋合作办报不到三年，竟被捕三次，坐牢9个月。1913年《汉民日报》被袁贼电令查封。

1914年邵飘萍为避袁世凯的缉捕而东渡日本，入政法学校读书。当时，日本帝国主义正加紧策划大举侵略中国。邵飘萍目击此情，急于告知国人，以便早做反侵略的准备。于是，他和同校的潘公弼等三同学设“东京通讯社”，不畏艰难险阻，陆续向国内发回了令人震惊的袁贼阴谋卖国称帝的消息。1914年8月21日《朝日新闻》发表了“日中新议定书”六条，说中国已同意为日本之保护国。“东京通讯社”当天就将此项重大消息电告国人，全国沸腾。1915年1月18日，日使将旨在独占全中国的“二十一条”面交袁世凯，作为支持袁称帝的交换条件。这一肮脏交易是在极其秘密的情况下进行的。不久，外国报纸披露了“二十一条”的真相。邵飘萍获悉后，立即电告国内。全国舆论大哗，人民义愤填膺，讨袁声一浪高过一浪，举国上下掀起了声势浩大、规模壮阔的讨袁高潮，并将5月9日（袁贼全盘接受日本修正案之日）定为国耻纪念日。

就在独夫民贼袁世凯妄图黄袍加身，共和危亡之际（1915年冬），邵飘萍应上海新闻界电邀回国，任上海《时事新报》《时报》《申报》主笔，以加强讨袁斗争的力量。在此期间，报纸上几乎天天可见署名“阿平”的文章。（阿平者，平不平之谓也，不平则鸣。）邵飘萍那支锋芒四射之笔，鸣出了一曲曲声讨袁贼的战歌。

1916年6月6日，袁世凯在全国人民讨伐声中，可耻地死去。北洋军阀头子段祺瑞粉墨登场。邵飘萍继黄远庸北上，为《申报》驻京特派员，仍以不屈不挠的斗志，同段祺瑞展开了新的斗争。他每日给《申报》发电二三千字，间日写通讯报道。《申报》的北京特别通讯，风靡全国。它集中地抓住了以下几件秘闻，进行抨击：（1）揭穿了“府院之争”的事实真相；（2）揭露了国会议员为争夺官位钩心斗角，大打出手的丑态；（3）揭发了北洋军阀为争夺地盘、坐地称王，而大打内战，以致兵连祸结，哀鸿遍野；（4）揭发了内争的必然结果是丧权辱国，对外大借款；（5）抨击了军阀头子段祺瑞、张作霖的罪恶行径等。可见《申报》的北京特别通讯是别开生面、独具一格的舆论阵地，实开新闻报道之先河，受到读者的热烈欢迎。

在实际政治生活中，邵飘萍觉察到外人在我国的通讯社，任意左右我国之政闻，是有其险恶之用心的。因此，决心筹设我国自主的通讯机构，遂于1916年7月创办了北京新闻编译社，并注意培养采访记者。邵飘萍并一度兼任《甲寅》期刊的主编。新闻编译社办了两年之后，邵飘萍深感国内报纸多属各党政客所操纵，必须有独立自主为民喉舌的报纸。因此决心独力筹建，终于1918年10月15日《京报》在北京问世。它以宣传苏联十月革命，宣传社会主义和支持南方革命政府为宗旨。《京报》创刊词的题目是《本报因何而出世乎》，宣布：“时局纷乱极点，乃国民毫无实力之故耳”，“必须使政府听命于正当民意之前，是即本报之所作为也！”当然，军阀政府是不能听命于民意的，这只能是愿望而已。他撰写评论大声疾呼：“民国以来，军阀所为者俱为祸国殃民，今则必须国民共起，志同道合，协力以除之。”《京报》创刊的那几天，虽然百事待举，工作紧张，头绪繁多，但邵飘萍精神抖擞，工作不分日夜。他以明朝因反对权奸严嵩而惨遭杀害的杨椒山的诗句“铁肩担道义，辣手著文章”自勉，并写了“铁肩辣手”四个大字，高高贴在办公室正中墙上，勉励同人齐心协力办好《京报》。

《京报》问世后，即以独特的战斗风格，抨击时弊，揭露虐政，受到了广大读者的欢迎，同时也引起了段祺瑞政府的注意。段内阁视《京报》为异端，只是慑于社会舆论，不得不装出“民主”门面，才一时不敢明令取缔。于是就尽力封锁新闻，特别是严禁新闻记者列席内阁会议。邵飘萍根本不理这一套。你明设路卡，我暗度陈仓。有一次听说段政府的国务院晚上召开绝密会议，邵飘萍事先潜入国务院会议室隔壁房间，听到全部机密。第二天，《京报》登出独家新闻，段祺瑞内阁见了大惊失色。又有一次，段内阁讨论众人注目的“金佛郎案”，邵飘萍得知这一消息后，就雇了一辆汽车，等候在内阁开会地方，待法国公使进来时，即尾随其后，坦然而入，进去后，得到了会议的全部内容，第二天在《京报》上和盘托出，段内阁又大吃一惊。

邵飘萍不独是风靡全国的著名记者，而且是新闻教育事业的拓荒者。他是北京大学新闻研究会的创始人之一。北京大学新闻研究会是我国第一个对新闻学进行系统讲授的进步团体。它创办于1918年10月14日。它的筹建、创办和发展的成果，有着邵飘萍的光辉业绩。罗章龙教授在《忆北京大学新闻学研究会与邵镜清》一文中道：“在北大新闻学会的学习研究和活动中应郑重提到邵镜清。他是北京大学新闻学会的倡议和促成者。北京大学新闻学会的开展当时虽然名义上由北大校长蔡元培负责，但蔡因校务殷繁，实际工作，均由导师二人主持。同学实习辅导则由邵镜清独立承担。因此，他实负责任。”

邵飘萍是伟大五四运动一发难者。五四运动爆发前夕（5月3日晚7时），北京大学学生集会，全市各高校派代表参加，邵飘萍应邀出席。他向到会学生报告了中国代表团在巴黎和会上失败的经过和原因，激动地说：“现在民族危机系于一发，北大是全国最高学府，应挺身而出，把各校同学发动起来，救亡图存，奋起抗争。”会场顿时沸腾，人人悲愤填膺。于是大会决议，通告各校学生，定明日（4日），齐集天安门，举行大会，会后游行。因此，在第二天就爆发了震惊中外的五四运动。它宣告了资产阶级领导的旧民主主义革命的结束和无产阶级领导的新民主主义革命的开始。从此，中国现代历史展开了新的篇章。

正由于邵飘萍始终积极坚决参加五四运动，大量揭发了曹汝霖、章宗祥、陆宗舆等的卖国罪恶，惹怒了北洋军阀政府。段祺瑞公然下令查封《京报》，并派军警包围《京报》馆，逮捕邵镜清。邵避入东交民巷六国饭店。段政府以扰乱京师治安为罪名，照会公使团引渡，并行文全国通缉。同年8月间，邵飘萍被迫离京，化装潜赴丰台，走天津隐蔽小住，仍挥笔撰文，抨击虐政。不久邵感到风声仍紧，鹰犬头目朱琛（司法总长）用赏格到处追捕，且京津近在咫尺，于是转移上海。时张季鸾在上海工作，与邵素称莫逆，适日本大阪《朝日新闻》拟聘张为顾问。张为保护挚友，竭力推荐邵暂去日本《朝日新闻》工作，以避其风。邵遂于1919年冬再渡扶桑。行动的路线是由上海折返天津，邵化装为工人乘四等舱至奉天（今辽宁）改乘火车，经朝鲜去日本。到日后，居住在大阪市南面的浪速区难波附近的海泉寺。邵飘萍重去日本，是一生中思想大飞跃的关键。这段时间，他的主要精力，集中在研究各国社会思潮和社会政治问题。终于写成了《综合研究各国社会思潮》和《新俄国之研究》两书。前者介绍西方流行的各种社会政治学说，其中马克思的社会主义理论占了相当篇幅。对马克思的辩证唯物论、唯物史观、阶级斗争理论、剩余价值学说等，都作了较详尽的介绍，对马、恩推崇备至。后者专门介绍十月革命和革命后苏维埃俄国的政治、经济、文化、教育等方面的制度和政策。赞扬无产阶级领袖列宁的革命精神。当时，各国反动派正掀起了一股诋毁新生的苏维埃的逆流，邵飘萍在书中严正指出，这种种诬蔑，皆属荒诞无稽。他热情讴歌十月革命乃是世界历史的新纪元。这两部著作，对传播马克思主义在我国的影响起到了不可磨灭的重大作用。

1920年，发生直皖战争，皖系主力被打垮，段祺瑞逃居天津日租界，安福系垮台。邵飘萍在日得悉后，急于回国复活《京报》，但与《朝日新闻》之聘约期限未满。经邵请求，磋商后同意解约。邵飘萍对此事久久不安，为此特在聘约之后幅写上："此为愚充日本《朝日新闻》顾问聘约之后幅，留以作纪念者。愚于直皖战后归国，京报复活，致未满期，而请求解约。往返磋商，始承允诺。为愚生平最抱歉之事，特志之以谢该社焉。飘萍。”1920年秋，邵飘萍偕另一夫人祝文秀从日本动身，途经朝鲜逗留一天后回国。北京当局妄图拉拢、收买邵飘萍，连忙派出大员向邵镜清言欢，还授予什么“二级勋章”等等。邵飘萍耻与军阀政府为伍，对此不屑一顾。他专心致志为《京报》复活而四处奔走。《京报》终于在1920年9月17日复刊。邵飘萍写下了“贫贱不能移，富贵不能淫，威武不能屈，泰山崩于前，麋鹿兴于左，而志不乱”警句名言，作座右铭，以表与北洋军阀及其后台帝国主义斗争到底的顽强意志和决心。

1921年元旦《京报》特刊号上，赫然出现了各派军阀的照片，并配有标题：“奉民公敌张作霖”“直民公敌李景林”“鲁民公敌张宗昌”“除通电以外无所成的吴佩孚”。这是邵飘萍精心设计的，把祸国殃民的军阀的丑恶嘴脸，在舆论上予以一一示众。同时，他还无所畏惧地把自己的照片也刊于同日报端，题为“本社社长邵镜清”。特刊号出版后，读者竞相购买，数万份一抢而空，此事一时传为美谈。据说，当天吴佩孚就在书案旁写下“邵飘萍”三字，目之为眼中钉、肉中刺。

同年7月，中国共产党诞生。北方党组织主要领导人李大钊与邵飘萍往来密切。邵飘萍在许多方面接受了中国共产党的正确主张。《京报》成了北方进步舆论的一个主要阵地。1922年，罗章龙同志作为北方党负责人，经常与他联系工作，往来频繁。罗章龙同志说：“我党在北方发起非宗教运动，在《非宗教论》一书中公开刊印马克思的巨幅铜版像（此书现由北京大学图书馆珍藏）和全书刊有八英寸铜版肖像34幅，均由邵镜清所主办的昭明印刷厂义务承印。邵镜清在这方面对我们提供了不少的援助。与此同时，邵镜清在本位工作上又不断向我们党组织提供了关于北洋军阀政府方面的军事、政治、经济等一系列情报资料。同时他又从东交民巷外交团、路透社、电通社等为我们取得特殊重要的新闻消息。这些工作都很有价值。”1984年12月28日，罗章龙同志热情地接待了东阳县政协四位同志的访问。罗老回首往事，历历在目，对邵飘萍印象极深，一再肯定他对党作出了卓绝的贡献。罗老说，1918年我在北京大学读书时，和毛泽东同志，鸣谦、君宇等同学都是北大新闻学会的会员。邵飘萍是导师，我们对他都怀有好感，影响很深。他为党培养了一批中国早期的新闻记者，办报的人才。北大同学原先都没有什么新闻学的素养。但在新闻学会里经过一段时间的学习之后，也就能主办刊物了。我党早先的《工人周刊》，《京报》就给了很多帮助。后来党创办了《向导》，这个刊物也直接间接地培养了一批新闻人才。当时邵飘萍的口号就是要培养一批精明的记者，能报道劳动人民的疾苦和罢工斗争。他对我们讲课，内容生动、具体、旗帜鲜明。罗老说，记得1924年前后，邵飘萍为党做了许多工作，按照当时革命的需要和他本人的志愿，我同守常（李大钊）二人介绍他参加中国共产党。邵飘萍入党是秘密加入，邵不是等闲之人，因此，我提出，北方区委同志一致讨论同意，上报党中央批准，这是肯定的。因邵飘萍入党是我亲历其事的，这是一个重大事实，应写到史册上去。罗老为怀念这位良师益友，遂作“纪念邵飘萍同志”七绝一首：

亢斋革命先行侣，北大新闻实首倡。

创业成仁开世运，千秋纪念邵东阳。

二

在极其复杂的、严重的、残酷的政治斗争中，邵飘萍坚定不移地站在人民的一边，向帝国主义、封建军阀反动势力进行了不屈不挠的英勇搏斗。他以舆论为阵地，以报纸为武器，声援、支持党领导的群众斗争。

1923年，“二七”大罢工时，邵飘萍在《京报》上满腔热情地支持工人的正义行动，怒斥军阀禁止工人合法集会，血腥枪杀工人群众的暴行。

1924年1月，孙中山改组国民党，实现国共合作，提出“联俄、联共、扶助农工”三大政策。邵飘萍在《京报》上发表时评，予以热情颂扬。同年10月冯玉祥率部入京，囚禁贿选总统曹锟，并把清帝溥仪驱逐出宫，宣布废除帝号。邵飘萍在《京报》上热情著文赞扬。随后，冯邵密谈，邵建议冯赴苏学习，目前应立即与南方革命力量取得联系，将部队改编为国民革命军，认为这是当前正当之出路。冯听后茅塞顿开，大为感动，当即紧握邵手，连呼：“对！对！”

同年中苏建交，邵飘萍欣喜备至，以个人名义在北京来今雨轩

（中央公园）设宴招待苏联驻华第一任大使加拉罕，并向苏使馆敬赠“精神可师”锦幛，宴会情况空前热烈，为中苏两国友谊而欢呼。

孙中山先生为谋求政治统一而北上。《京报》几乎每天都报道孙先生活动的消息。孙中山先生在北上途中曾派专人把自己的相片送赠《京报》馆，感谢《京报》的支持。邵飘萍立即将孙先生的照片刊登在1924年12月《京报》“图画周刊”创刊号上，标题：“全国景仰之中山先生。”这张照片之刊出，实质上是对段祺瑞政府的当头棒喝。

1925年“五卅”惨案发生后，邵飘萍目击帝国主义肆意枪杀中国人民的血腥暴行。他在《京报》上强烈谴责帝国主义是“退化于野蛮阶段之人中豺虎，自称文明绅士之强盗化身”。他斩钉截铁地提出“打倒外国强盗，严办外国凶手”的口号。他从6月1日至7月中旬短短一个半月中，发表在《京报》上仅以“飘萍”署名的评论文章就达28篇之多。

7月，在国共合作的革命统一战线推动下，广州成立国民政府。那些帝国主义和封建军阀势力在“讨赤”的黑旗下勾结一起，向人民疯狂进攻。邵飘萍洞察其奸，在《京报》上发表了《中国今后之趋势》等文章，鞭辟入里地分析了所谓“讨赤”的巨大欺骗性和反动性，热情地歌颂广东国民政府，称其“治绩为全国第一”，文中还满怀信心地写道：“腐旧的军阀必归失败，帝国主义必遭覆没，革新派虽困苦艰难，千回百折，而最后胜利必归于革新者。”

第二次直奉战争爆发，冯玉祥与奉军主要将领郭松龄密约。郭松龄回师沈阳打张作霖。邵飘萍全力支持，在《京报》上赞扬郭松龄的爱国行动，并鼓励张学良要接任父职，改革东北政局。

同年底，《京报》又刊登了一版亲日卖国的奉、鲁军阀的照片，在照片的一侧题“一世之枭亲离众叛之张作霖”“鲁民公敌张宗昌”“国民公敌李景林”。他别出心裁地给军阀头子作盖棺定论。使受者切齿，读者快意。

1926年，北京发生“三一八”惨案，邵飘萍立即派记者前往出事地点调查，亲自到权威方面去探究，深夜归来后，挥笔似剑，写下了那篇脍炙人口的讨段檄文《世界空前惨案——不要得意，不要大意》，文中严正指出：“此项账目，必有结算之日。”第二天又写了社论《可谓强有力之政府矣——举国同声痛哭，列强一致赞成》，以犀利的文笔，刻画出段祺瑞一伙充当帝国主义走狗的丑恶嘴脸。同时，他邀请鲁迅并肩作战。鲁迅在《京报》上发表了《可惨与可笑》《如此讨赤》《大衍发微》三篇著名杂文，对段祺瑞当局的暴戾恣睢作了深刻揭露和批判。

段政府为开脱罪责，于当天（18日）发布指令，诬蔑惨案发生的原因是李大钊等人“假借共产学说，啃聚群众，屡肇事端”“率领暴徒数百人，手持枪棍，闯袭国务院，泼火油抛炸弹，手枪木棍丛击军警，各军警因正当防御，致互有死伤”。《京报》针对诬蔑群众爱国运动是“赤化”“暴动”；针对段祺瑞妄图栽赃嫁祸冯玉祥的国民军，愤慨地揭露了惨案的真相。

惨案发生后，北京学生联合会召开追悼会。中法大学学生陈毅同志担任主席，主持大会并讲了话。大会沉静片刻，突然一人昂首登台，慷慨陈词，痛斥军阀屠杀群众的血腥罪行。顿时，轰动了大会，听者无不悲愤填膺。这人就是邵飘萍。

大会后，段祺瑞军阀政府于3月26日，下令通缉48人，邵飘萍名列第16。霎时，白色恐怖笼罩着整个北京古都。

1926年4月初，奉鲁军阀的飞机狂轰北京。4月15日，冯玉祥国民军退居南口。事前，冯玉祥将军曾三次派鹿钟麟力劝邵飘萍随军离京。邵也知“私仇公敌，早伺于旁，形势十分险恶”，但仍坚不离京。邵飘萍此举虽未必明智，但敢在真理面前不畏杀身之祸，铮铮铁骨和高风亮节是很高贵的。

4月15日，勾结日英帝国主义的奉系军阀率部闯入北京后，迫不及待地发出布告二十七条，中有“宣传共产，鼓吹赤化，不分首从一律处以死刑”之条。于是派出军警，大肆搜捕。

邵飘萍为了保护言论阵地，乃与夫人汤修慧商策，暂避于外，嘱意夫人留守，负维持报馆之责。邵即于当晚（15日）避入东交民巷六国饭店。奉系军阀搜捕日紧，鹰犬爪牙大肆造谣诬蔑，他们在交通要道散发传单，攻击邵飘萍是什么“卢布党记者”，犯有“赤化”罪名。当时邵飘萍堂弟泛萍捡来一张传单，拿给邵飘萍看，邵嗤之以鼻。4月22日，邵奋笔直书《飘萍启事》，亲手交给夫人汤修慧发表在当天的《京报》上。这《飘萍启事》就是他被杀害前的绝笔书。全文如下：

飘萍启事

鄙人至现在止，尚无党籍（将来不敢预定），既非国民党，更非共产党。各方师友，知之甚悉，无待声明。时至今日，凡有怨仇，动辄以赤化布党诬陷，认为报复之唯一时机。甚至有捏造团体名义，邮寄传单，对鄙人横加攻击者。究竟此类机关何在？主持何人？会员几许？恐彼等自思亦将哑然失笑也。但鄙人自省，实有罪焉。今亦不妨布之于社会。鄙人之罪，一不该反对段祺瑞及其党羽之恋栈无耻；二不该主张法律追究段、贾等之惨杀多数民众（被屠杀者大多数为无辜学生，段命令已承认）；三不该希望取消不平等条约；四不该人云亦云承认国民第一军纪律之不错（鄙人从未参与任何一派之机密，所以赞成国民军者，只在纪律一点，即枪毙亦不否认，故该军退去之后尚发表一篇欢送之文）；五不该说章士钊自己嫖赌，不配言整顿学风（鄙人若为教育总长亦不配言整顿学风）。有此数罪，私仇公敌，早伺在旁，今即机会到来，则被诬为赤化布党，岂不宜哉！横逆之来源，亦可以了然而不待查考矣。承各界友人以传单见告，特此答陈，借博一粲。以后无论如何攻击，不欲再有所言。

启事坦率陈言，大义凛然。所列五“罪”实际上是声讨帝国主义及其走狗军阀势力的檄文。

杀害邵飘萍，军阀张作霖蓄谋已久。入京前，张贼已在军事会议上作出决定。奉军入京后，吴佩孚也有同样命令到京。据邵飘萍另一夫人祝文秀说，以前张作霖很赏识邵的才能，曾汇款30万元，妄图拉拢、收买。张遭到拒绝，但仍不死心，在一次会议上说，“打进北京后要活捉邵飘萍，我们需要这样的人才”。张的一个摇羽毛扇的人说：“大帅，这是养虎伤身啊！”张沉思后说，“抓到立即处决”。

祸起萧墙，张翰举是北京《大陆报》社长，绰号“夜壶张三”，是个无耻反动文人，是新闻界的败类，已被奉军收买。他以诱捕邵飘萍作为换取“造币厂厂长和大洋二万元”的条件（后奉方毁约），伺机进行卖友求荣的无耻活动。

4月24日，张翰举诈称已疏通张学良，允许邵在北京继续办报。曾经劝爱国诸君子不可大意的邵飘萍，自己竟轻信了诳言，于下午7时，急回报馆安排事务，一小时后即匆匆离开，返回六国饭店。当汽车甫至魏染胡同北口，即被侦察队挡阻，旋有荷枪者二人跳上汽车，嘱司机将车开到警察厅扣押。当晚8时许，侦察队又搜查、封禁了《京报》馆和邵宅，搜走邵的著作《新俄国之研究》底稿，及附有若干张苏联名人相片等，而作“罪证”。消息传出，北京各界人士立即设法营救。新闻界于第二天下午3时召开紧急会议，商讨营救办法，选出刘煌等13人以代表名义出面营救。他们于会后5时许赴石老娘胡同面见张学良，再三请求军方能本着尊重舆论的善意，释放邵飘萍。张学良毫不隐讳地说“逮捕飘萍一事，老帅与子玉（吴佩孚）及各将领早已有此种决定，并定一经捕到，即时就地枪决。余与飘萍私交亦不恶，唯此次要办飘萍，并非因其记者关系，实以其宣传赤化，流毒社会，贻害青年，罪在不赦，碍难做主”云云。谈判进行了三小时，毫无结果。后各界代表又各以私人之交谊，接连两天奔走各方营救，但仍无效。26日，邵飘萍即被判处死刑，押赴天桥执行。当时总执法处宣布的“罪状”：

“京报社长邵镜清，勾结赤俄，宣传赤化，罪大恶极，实无可恕，着即执行枪决，以昭炯戒，此令。”

26日凌晨4时许，警厅开出两辆汽车，一辆坐着执法处的监刑官吏，另一辆是邵飘萍，身穿灰色华丝葛长衫，黑色马褂，神态从容。下车后，邵昂首向天大笑数声，就被枪杀。尸体被草草放入薄棺，埋在崇文门外义冢墓地中，墓前插一木牌，上写“邵飘萍墓”字样。27日，邵家属汤修慧和祝文秀夫人偕同堂弟邵泛萍、侄邵逸轩、内弟祝寿南、同乡杜钟彬等前往墓地复殓，把埋在泥土里的棺材挖出来，开棺后见邵飘萍面脸模糊，血迹斑斑，惨不忍睹。子弹从后脑射入，从面颊部位穿出。邵夫人汤修慧和祝文秀当即晕昏，邵泛萍等均痛不欲生。邵飘萍岳母徐三姐老人用清水和药棉将邵的面脸血迹洗净，然后由家属将邵飘萍重新穿上寿衣，把遗体换放在楠木棺材里复殓。为防张贼斩草除根，将邵飘萍的两个儿子贵生和祥生藏了起来，由其侄邵逸轩披麻戴孝。家属则将灵柩安放好，又传来张贼要倒棺割头的消息，家属又忙将灵柩移藏多处，最后才安置在北京近郊的天宁寺，厝放在用水泥浇砌的棺椁之内。

邵飘萍遇难的噩耗刚传出，中共北京地委机关报《政治生活周刊·红色5月特刊》（第76期）就以“怀英”“怀德”署名的两篇文章（标题是“邵飘萍之死”和“宣传赤化者处死刑”）发表悼念。中共中央机关报《向导》周报和《新闻青年》杂志（不定期刊）、《东方杂志》、《国闻周报》都先后报道了这一事件，同声哀悼。

邵飘萍身后甚为萧条，直到1928年北洋军阀彻底垮台，元凶张作霖下旗出关，仓皇逃回老巢，中途被炸死在皇姑屯，奉系军阀也从此垮台，北京新闻界于同年8月间，为邵飘萍、林白水补开追悼大会。

1932年7月，邵飘萍老家东阳县紫溪村邵氏宗族修纂谱牒，为邵飘萍向各界发出征文，当即收到原籍东阳县长金瑞林以及全国各界于右任、孙科、居正、马寅初、顾维钧、陈绍宽、傅作义、白崇禧、顾祝同、张钫、孙连仲的诔志、传、赞等多件，刊载于宗谱之上，以志不朽。

三

1980年6月，北京市宣武区房管部门按照国家有关规定，将《京报》馆旧址及邵飘萍故居（共五十二间半房屋）全部收购，进行修缮，作为历史文物保存下来。首都有关部门为了纪念邵飘萍烈士，决定把他的遗骨从天宁寺厝地火化后，移入八宝山革命公墓。

1984年11月1日，首都新闻、教育界集会隆重纪念邵飘萍诞辰100周年，全国人大、中顾委、中共中央宣传部和中共北京市委、北京市人民政府领导同志出席了大会。大会高度评价了邵飘萍的一生，是革命的一生，是杰出的反帝反封建无畏战士，是我国新闻教育事业的先驱者。全国人大副委员长严济慈出席了大会并讲了话。他肯定了举行这次大会的重要作用和深远意义，并为大会题词：

挥毫似剑伐魑魅，开一代报业新风；
喋血为丹存轩辕，树千秋志士典范。

大会后，与会同志参观了邵飘萍烈士文物图片展览，并举行了关于邵飘萍学术思想报告会。

邵飘萍的一生，不愧是革命的一生，堪称一代楷模。他从信仰梁启超到孙中山；他从一个民主主义者到共产主义者。他对马克思、恩格斯、列宁推崇备至。他热情歌颂十月革命是“世界历史上之一新纪元”。他预言“今后果见社会主义之成功，其影响于世界，将较诸美国独立法国革命之威力尤著”（《新俄国之研究》序）。他反帝反袁反封建军阀，坚持真理，不畏强暴，挥毫似剑，铁肩辣手。他满腔热情，全力以赴支持群众起来斗争。他不怕通缉、追捕、坐牢、杀头，铮铮铁骨，浩气凛然。他的光辉战斗业绩，在我国现代历史上有着极为重要地位和深远影响。

邵飘萍烈士离开我们整整59个春秋了。在中国共产党的领导下，神州大地早已起了翻天覆地的变化，压在中国人民身上的“三座大山”也早已在36年前完全推倒了，中华人民共和国屹立在世界的东方。邵飘萍一生所追求的政治理想，在党的领导下已完全实现了。现在全国人民同心同德，锐意改革，为振兴中华，为更好地开创社会主义现代化建设的新局面，坚定不移地沿着党所指引的方向而奋勇前进，这是我们可以告慰飘萍烈士于地下的。

一代报人邵飘萍

汤修慧

一

邵飘萍，名镜清，飘萍乃其字（他原名邵镜清，后来他自己改为镜清）。1884年10月11日（光绪十年九月十四日），出生于浙江金华。昆仲五人，他行四，还有姊妹四人。他的父亲邵桂林，原籍浙江东阳县，是清末廪生，在金华以教私塾为业。飘萍的四个兄弟都务农，唯他自幼聪慧，喜欢读书，14岁时，奉父命到浙江杭州，考科举，得中秀才。当时正是戊戌变法之后，中国起了很大的变化。特别是知识分子过去一直热衷于“子曰诗云”，现在看到了自身以外的广大世界，对清廷的腐朽，官吏的贪赃，洋人的凶暴，无不悲愤填膺。飘萍亦不再热衷于科举，不再去应考，他抛弃了“子曰诗云”，改读起声光电化等自然科学。1902年，他考入浙江全省唯一的大学浙江高等学堂。环境的变化，对他影响很大。他在学校中看到许许多多在乡村中不曾看到的新东西，尤其是各地的报纸杂志，每天都有新鲜的材料吸引着他。他废寝忘食地读着这些东西，他对梁启超的政论文章很感兴趣，并认为梁的文笔犀利，鼓动力感染力都很强。他还特别注意搜罗如秋瑾这样人物的事迹，十分佩服他们为国献身的精神。据他日后回忆，从当时的报纸杂志中，他明了了种族大义，以及君主立宪和民主立宪之争。飘萍当时就曾致力改革中文，说过去那种死的文字绝不能传播活的思想。他在学校作文时，常模仿梁启超的政论文字。有一次，他作文痛斥了张之洞的《劝学篇》，受到教师严厉的训诫。由于他多次把自己的思想写入考卷中，险些被校方开除，只是由于有一部分教师对他有好感，才得以毕业。

当时，报纸上不断讨论“救国之道”，有科学救国、实业救国、武力救国等议论。飘萍认为，报纸对国家和人民所起作用至大，隐隐认为救国之道乃在办报。他常常给上海各报（主要是《申报》）投寄有关杭州和金华的地方通讯。1905年，飘萍由杭州浙江高等学堂毕业，返回金华，在一个中学教书。但主要工作仍是为上海报纸写通讯，并已成为《申报》的特约通讯员。

1906年，我与飘萍在金华结婚，是年他22岁。从此我参与了他的新闻事业，并且在他被害后继续办《京报》。

二

1911年武昌起义，清廷退位，民国成立，一举结束了中国几千年的封建君主专制，给全国人民极大的鼓舞。中华民国成立后，临时政府宣布约法，其中规定“人民有言论著作刊行之自由”。一时，各地报纸风起云涌，全国达500家之多。正在做着“新闻救国”梦的飘萍，其心情之激动，可以想见。

飘萍在金华教学期间，心向革新，他向学生灌输革命思想，自然不会得到校长的支持。幸值辛亥革命成功，民国元年（1912年），飘萍辞去教学工作，去杭州另谋出路。他对杭州的报界本不生疏，到了杭州便购阅杭州各报。当他读了《汉民日报》后，便去拜访该报社长杭辛斋。杭是思想进步的老文学家，因与康有为、梁启超有关联，在北京受到满清政府的严刑拷打，险些被杀头。杭与飘萍初逢，因志同道合，即聘飘萍为该报主编。当时激进的知识分子都抱有激烈的民族主义情绪，飘萍也不例外，此时，他已由崇拜康有为、梁启超转而崇拜孙中山。

飘萍在《汉民日报》的详细经过，已不可知。他在后来所著《实际应用新闻学》一书中曾写道：“忽忽三载，日与浙江贪官污吏处于反对之地位，逮捕三次，下狱9个月。最后，《汉民日报》遂承袁世凯之电令而封闭。”

那三年《汉民日报》的评论，皆出于飘萍之手。对于杭州官场的腐化及大小贪官污吏，他是不肯放过的。1913年5月9日该报“时评”栏内，有署名镜清的短文一篇，题为《呜呼共和国人民之生命财产》，内云：“我们已是共和国了，但人民并非共和之人民。”文中列举浙江金华、东阳、德清等地官吏戕害人民的种种事实，最后说：“人但知强盗可怕，不知无法无天的官吏比强盗更为可怕。”因此杭州的权要们对他结下深仇，在深夜纵火，想烧死飘萍，因报馆印刷工人众多，发觉早，未酿成事故。

对袁世凯的斗争，更是《汉民日报》的光辉业绩。袁窃国称帝，一出台，对内是大肆破坏民主（重点表现在暗杀宋教仁），对外是大拍卖、大借款（重点表现在五国银行善后大借款）。袁斥责反对借款者为“不顾大体，无理取闹”。由于袁的野心暴露，全国舆论界群起而攻之，而飘萍论调尤为激烈。《汉民日报》时评栏内接连发表《政党政治之危机》，以及《谁不顾大体？》等抨击袁世凯的文章。1913年秋，“白狼事件”发生，（“白狼”乃白朗诨称。白朗为当时农民暴动领袖，以一万人之众，骤起于豫鄂边境，席卷陕西、甘肃，政府军莫与能敌，自段祺瑞、陆建章之下皆败北。）袁惶恐万状，发布命令说：“除白狼外，还有黄狮、绿狼，一体协缉。”《汉民日报》又刊《草木皆兵》一文讽之。

二次革命失败后，袁世凯的势力伸入江浙；他以参加二次革命嫌疑为借口，逮捕了飘萍，《汉民日报》亦被封。飘萍从狱中带出消息，嘱我设法营救。时值盛暑，我抱病日夜奔走，设法使飘萍得以缓刑。1914年飘萍出狱，为避袁世凯的缉捕而急走日本。

三

飘萍到日本那年才30岁。他求知欲非常强烈，进入政法学校肄业。那时，正是日本帝国主义大举侵略中国之际，如出兵山东，向袁世凯提出二十一条，等等。飘萍睹此，五内如焚，不能安坐书斋，奔走于留日学生群中，商讨救国之道。适逢同盟会的革命志士云集日本，在孙中山领导下改组为“中华革命党”，进行倒袁活动。飘萍朦胧地感觉到这些革命者的倒袁希望还寄托在日本身上，他对此大惑不解，因而也就没有参加任何政党的活动。

这时，他急欲做的事，就是想把在日本所听到、见到的有关日本侵略中国的阴谋全盘告诉国人，以便早作抵抗侵略的准备。他想：像以往那样以个人写地方通讯的方式，已不足以适应当前的局面了，于是他找了政法学校的三个同学，共同组织了东京通讯社，担负这个任务。在他的《愚与我国新闻界关系》一文中说：“设东京通讯社，为京津沪汉著名报纸司东京通讯。适当日本提出二十一条之际，以议论激越，惹日本警察官吏注意。”

东京通讯社究竟报道了些什么呢？记忆所及，大概有这样三个重要内容：

（一）预示了日军将进侵中国。第一次世界大战爆发后，日即宣布以英日同盟为理由，要履行同盟义务。可以说当时已经乌云满天，但还不闻雷声隆隆。1914年8月21日《朝日新闻》发表了“中日新议定书”六条，说中国已同意为日本之被保护国，第三国家不得侵害中国。否则，日本得采取“临机必要之处置”。这个“议定书”的消息经东京通讯社及时电告国内后，全国沸腾，掀起对袁政府极度愤恨的舆论。果然不久，日军借口代中国收回德国侵占地，在山东半岛龙口登陆，占领胶济路全线，并进攻青岛。与此同时，日本又向袁政府提出“二十一条”，作为承认帝制之交换条件。

（二）揭发“二十一条”。“二十一条”是日本独吞中国的计划，所以当日本向袁政府提出时，曾嘱其务必保密。因为它既怕中国人民反对，也怕其他帝国主义反对。1915年初春，日使日置益将“二十一条”面交袁世凯后，这一幕外交丑剧即在极端秘密的情况下进行。时隔不久，外国报纸把“二十一条”的真相揭露了，飘萍立即据以驰报国内。国内舆论大哗，全国人民陷于极度悲愤中，一方面向袁政府提出质问，另一方面展开抵制日货运动。这种声势浩大的反卖国运动，终于迫使“二十一条”未能兑现。

（三）报道东京反袁情况。反袁运动展开后，东京的华侨爱国热情汹涌澎湃。留日学生有的组织归国请愿团，有的组织归国参军团，誓与日帝一战。青年学生在校内或同乡会上纷纷发表演说，提出抗议。中华革命党也在日本积极展开反袁运动。飘萍及时将这些情况向国内作了报道。这些消息传入国内，真如火上加油，使国内反袁运动达到沸点。因此，袁政府电令驻日公使陆宗舆解散留日学生总会，并以停止官费威胁学生就范。

1916年春，就在袁世凯宣布要做皇帝、民国危在旦夕的时候，上海新闻界特电邀飘萍归国，以加强新闻界力量，加强讨袁斗争。当时上海新闻界是全国舆论的枢纽，所以，飘萍怀着“新闻救国”的志愿匆匆返国。抵沪后，专为上海《时报》工作，并为《时事新报》及《申报》写稿，以其犀利的文字增强反袁战线。那时，他的论著署名“阿平”。上海土语的“阿”字有问的意思，阿平就是“平不平了？”的意思。阿平之名当时在全国舆论界影响颇大。

四

1916年6月6日，袁世凯在全国人民的讨伐声中死去，袁世凯第二——段祺瑞又出现在北京的政治舞台上。此时，《申报》社长史量才看中了飘萍，下聘书请他到北京做《申报》驻京特派记者。是年，飘萍32岁，从此他以青年志士的姿态献身于北京报界。

飘萍1916年北上，到1926年牺牲，恰恰十年。这十年他对中国新闻事业作出了自己应有的贡献，他使自己短促的生命焕发出灿烂的光辉。他为新闻事业而生，也为新闻事业而死，他是一个名副其实的报人。

民国初年，北京的新闻界情况非常混乱，报纸很多是政客的工具。报纸纪事不经采访，投稿者多属虚构；报馆随意刊登，根本不问“新闻”的真伪。因此报界在社会上的名声极坏，“报纸”成了“谣言”的代称，“访员”成了“无赖”的别号。民国一二年间，国民党和进步党有报馆数十家，并各自成立通讯社供给稿件，而同一事件，甲、乙两报记载迥然相反。因此，只要一看报纸就可知它是哪个党的。可是记载究竟谁真谁假，社会上却不知道。飘萍来京，为《申报》采访，后来创办新闻编译社、《京报》，“其第一功绩，即在提高访员地位，增进新闻纪事之信用。”（张季鸾：《追悼飘萍先生》）

飘萍任《申报》特派记者时所写的通讯四大册（皆其生前亲自订贴者），其中有一篇是报道北洋政府与新闻记者之关系的，我们读了也可想见当时报纸情况。他说：“自共和复活以来，‘开诚布公’四字为当轴号令天下之一利器。就其小者言之，国务院中设新闻记者招待厅，派人专司其事，亦开诚布公之一道也。记者初到北京，往晤徐秘书长。秘书长忙极，寒暄数语，即出其所谓招待新闻记者之执事述其办法，则每日可以发表之文件消息，印刷分送记者……但自有印刷之件分送以来，每日仅有绝不相干之文件摘由数十字。其材料最称丰富之日，则当时内阁总理通过之日，各省贺电纷纷如雪片飞来，而国务院印刷之，以夸示吾辈来自田间之新闻记者，岂不可怜！……此等材料，岂值新闻记者之一顾！”

飘萍不受这些官方文件的影响，决心要做一个真正的新闻记者，即站在人民的立场，报道事态之实况。他最重视访员，称之为“外交记者”。对一事件，特别是政治事件，必千方百计，得其真相，以作报道。他到北京后，每日给《申报》发电二三千字，并间日写通讯报道，一时《申报》的“北京特别通讯”风靡全国。

下面将飘萍的通讯选择几段：

（一）“府院之争”的关键。民国六年当段祺瑞上台时，轰动一时的问题就是“府院之争”，即黎元洪（大总统）与段祺瑞（内阁总理）之争，闹得满城风雨。飘萍据采访所得，认为其关键“乃在副总统问题。盖黎公左右之人物多主张冯国璋，段公左右之人物则主张举段为副总统，而另觅可以受其范围之内阁总理。”一针见血地拆穿事实真相。

（二）揭露国会议员的丑态。飘萍在第一次通信时，就直言：“观于议场之状况，缺席既多，逃席又众，如前数日，竟以罚金限制之。反观之，则诸君之不得已而不缺席逃席者，为金而已。间日来坐数小时，而年受六千金之岁费。试问诸君将何以对国家，何以对国民也！”又说：“议员别有所忙，则为己运动官吏，与为人运动官吏是矣！”……飘萍在报道国会中研究系、交通系两系之暗潮说：“竞争云者，岂政见之谓哉！位置而已，饭碗而已！论者谓数年以来之政潮，无一非人的问题而引起，愚以为名词太雅，简直言之，曰‘饭碗’可耳。”并详细揭露了国会开会时，议员们为争夺官位钩心斗角、大打出手的丑态。

（三）揭发北洋军阀内战的真相。飘萍曾曰：“愚居北京一年，历观各方专有一部分实力者之行动。窃以我国政治已猛力退化而返于上古游牧时代之酋长政治，盖惟酋长政治时代乃有各争地盘之陋习。

今之所谓某占北方，某占长江流域，某占西南，盖无一而非地盘主义。此种思想一日不除，则国内纷争一日无已，即一日无政治可言。今虽此征彼战，各怀灭此朝食之野心，其结果多费光阴，多糜械饷，多断送主权于外人（如因此而向外人借款，两方盖皆有之）。……”

（四）揭发对外大借款。内争的必然结果，是对外大借款。段祺瑞上台后的第一笔大借款是对日的五百万借款。飘萍在报道这个消息时说：“对于此事政界又有一种传说，五百万借款之定议内中当有一段秘密，即回扣以外，尚有三十万之酬劳金，此款为日本人居间者所得，抑系我国人所得到则不可知云云。但观于丧权如此之大，成事如此之速，不无可疑者，吾人固不愿果有此种污辱国家之事，惟依有闻必录之例，姑为志之，以待他日之证明可耳。”又说：“此时之大借款，不仅这个五百万，当有一万万和八千万之两笔……而此八千万实为一纸空谈之骗局，目的在侵占我湘皖两省之矿产（名曰‘中日合办’）。”还说：“数月以来，北京政府，惟闻借款之声。……北京多数之报纸，除报捷外无记事，除歌颂外无评论。愚以为吾人对于政府应为诤友，不应为逢恶长恶之小人，故愚殊不敢放弃其职责也。”

（五）对段内阁的揭发。飘萍在报道1918年全国商会联合会展开和平运动之时，首先述及段内阁：“身居北京之段总理，昨天力排众论，南赴汉阳与诸将规划战争，散在各省之各商会今乃推举代表，北向津沽为国家祈祷和平。呜呼！政府与国民之行动背道而驰，至于此极！世界列邦除我中国外，恐再难发现此种离奇之现象。假曰有之，亦必其国已亡，欲招我国为其伴侣，以李完用辈之封侯食禄为政府中人之饵，政府中人于是竭毕生之力以赴之，不顾国民之号啕痛哭于其后。愚为此言，非徒摹写惨状为将来历史上之材料，实欲唤起国民处置此种无益之政府，而对于此日全国商会之联合会议则希望为尤大也。”他转述全国商会会长吕超伯的演说中的一段话：“有战争之地，即非兵灾匪警，十室九空，亦市面萧条，商贩裹足。无战争之地，亦以人心不安，物价腾涌，纸币充斥，金融恐慌，百货停滞而不前，盗贼横行而无忌。苟长此以往，不求解决之法，势必至膏血俱罄，流亡载途。举国以内，将无一商一民，惟有兵与匪相搏相噬，纠纷无已。久之，养兵之费亦无从出，兵亦不得不出而为匪。斯时之国何如？斯时外人之对于我国又将如何？吾辈概不忍言！而鉴于胥溺之危，怵于陆沉之惨，我全国上下心非尽死，似不能不有几分之觉悟。”

飘萍对段内阁作过下述评价：“呜呼天下滑稽可笑之事，未有甚于此次内阁之死而复活，活而又死之活剧者也。段内阁以不能遂行政策之故，而出于倒，乃其不度德不量力之结果。……夫世之不度德不量力，自袁氏以来，失败者夥矣，不谓段内阁之又复如此也！呜呼，可哀也矣！”

（六）对张作霖的揭发。1918年2月间，张作霖抢劫政府军械。飘萍报道如下：“奉天督军张作霖，初以马贼身份投剑来归，遂升擢而为师长，更驱逐昔为奉天督军现为陆军总长之段芝贵，取而代之。‘张作霖’三字乃渐成中外瞩目之一奇特名词。至于今所谓‘大东三省主义’，所谓‘奉天会议’，所谓‘未来之副总统’，所谓‘第二张勋’，时时见之于报纸。虽虚实参半，褒贬不同，要之马贼出身之张作霖亦足以自豪也矣。”“消息传来，此当中原多故、西北云扰之时，张督军忽遣一旅之师，截留政府所购枪械二万余支，陈兵滦州，观光津沽。当局莫知其命意，商民一夕而数惊。”寥寥几笔，活画出马贼出身的军阀张作霖的形象。

四大册《申报》通讯，我不能尽抄。但以上这些已足见其风格，可说是开新闻报道之先河。所以《申报》通讯能风靡一时，而邵飘萍三字在当时报界就成为一个响亮的名字。

五

飘萍到北京后数月，在北京南城珠巢街，自办了一个小小的通讯社，名为新闻编译社，这是我国国内办的第一个通讯社。每天下午7时左右，通讯社将所获消息油印，派员骑自行车分送本市各报，外地邮寄（而不是专给《申报》一家）。这类新闻中，每日总有一二件特殊稿件，颇得各报好评。当时，外国都在中国设立通讯社并发稿，但是，“吾国报纸，欧美情势及外交消息，类皆取材外电，彼多为己国之利害计，含有宣传煽惑之作用，故常有颠倒是非，变化真伪之举。抄载偶一不慎，鲜不堕其术中。”（《全国报界联合会提案》）飘萍在《愚与我国新闻界之关系》一文中也曾说：“愚以他国人在我国有通讯者，率任意左右我国之政、新闻，颇以为耻。”所以为求新闻有真实计，飘萍乃集合人力，成立新闻编译社。它包含两方面的工作：一是编（自采本国新闻），一是译（选译外电）。戈公振在《中国报学史》一书中曾大书特书："我国人自办之通讯社，起源于北京，即民国五年7月，邵镜清所创立之新闻编译社是也。"

新闻编译社发了些什么稿子？今日既无资料，亦无从记忆。曾见溥仪的《我的前半生》中写着："新闻编译社揭发我的逃宫是日本人的阴谋，并对我的盗卖祖宗遗物大为抨击。"可见一斑。

新闻编译社成立后，飘萍首先注意的是访员的培养，他称访员为"外交记者"，曾说："新闻内容之改进，惟外交记者是赖。"在此期间，他培养了很多记者。

新闻编译社办了两年之后，飘萍深感当时国内报纸多属各党政客，都在为自己的党派吹嘘，对于真正的新闻绝不刊登，因而他觉得必须有自己的报纸。适值《申报》可能对飘萍不满，飘萍亦早有脱离《申报》的决心。所以他不等聘书期满，提前辞去特派记者的职务，集合友人，于民国七年（1918年）10月5日创办《京报》。起初，报社设在珠巢街，设备十分简陋，自己没有印刷工具，委托别人代印，搬到新华街小沙土园后，才稍加扩充。飘萍曾说："因个人力薄，为经费所困，尚无足称，请俟异日耳。"

《京报》创刊时，创刊词的题目是：《本报因何而出世乎》，署名飘萍。内称："时局纷乱极点，乃国民毫无实力之故耳。""必从政治教育入手。树不拔之基，乃万年大计，治本之策。""必使政府听命于正当民意之前，是即本报之所为作业！"又有评论谓："民国以来，军阀所为者俱为祸国病民，今则必须国民共起，志同道合，协力除之！”第二版的“特别记载”栏中，专门刊登安福系政府违法乱纪的消息。《京报》创刊时，飘萍还在编辑室里大书“铁肩辣手”四个字，勉励大家“铁肩担道义，辣手著文章”。

《京报》创刊后，段内阁深觉这是与他为难的，于是尽力封锁新闻，特别严禁新闻记者列席阁议。某次，内阁讨论“金佛朗案”，飘萍得知这个消息，乃雇乘一辆小汽车，待于门旁。待法国公使进去时，飘萍便尾随其后，坦然地走了进去。门者以为他是和法国公使一道来的，没有禁止。飘萍进去后，详尽地得到阁议的内容，第二天全见报，段内阁为此大吃一惊。

民国七年（1918年）北京大学设立新闻研究会，戈公振在其《中国报学史》中称之为“中国报业教育之发端”。飘萍为该会担任讲师，教“新闻学总论”。该会曾发行《新闻周刊》，对于一周之新闻，做系统的记载，并加评论。戈称之“为中国唯一传播新闻学识之报纸”。当时毛泽东同志在北大图书馆工作，他亦去新闻研究会旁听，故飘萍得与毛泽东同志相识，毛泽东同志曾说：“特别是邵飘萍，对我帮助很大。”

五四运动时，《京报》尽显发挥其“必使政府听命于正当民意之前”的宗旨，揭发了曹汝霖、陆宗舆、章宗祥等的卖国丑行，引起段政府的极大仇恨，于是下令查封《京报》，并派军警包围报社，声称要逮捕社长。有人给飘萍通了消息，于是他仓促间从屋顶逃出，避于东交民巷六国饭店。段政府以扰乱京师治安为罪名，照会公使引渡，并行文全国通缉。使团派人到六国饭店，劝飘萍出京。飘萍乃化装工人逃出六国饭店，潜至丰台，乘火车赴天津，然后由津乘船去沪。到沪后，和东京新闻界取得联系，大阪朝日新闻社聘他为特约记者，飘萍乃重游三岛。

六

五四运动之际，各种思想输入中国，中国的先进分子都向外国学习，寻找救国救民的真理。日本人向西方学习有成效，所以中国人也向日本人学。这时期，许多中国青年一拥而至日本，飘萍在这股洪流中也挤进了日本。在日本，他除了服务于朝日新闻社，从事新闻事业外，大部分精力用在研究各国的政治思想动态。1919年，他用了半年时间，将其学习所得，写成两本书，一为《综合研究各国社会思潮》，一为《新俄国之研究》。这两本书的内容在当时都是最符合形势和人民需要的。

《综合研究各国社会思潮》一书，由商务印书馆出版，风行一时。现将其内容作一介绍，以见飘萍思想成熟的一斑。

在该书“凡例”中，飘萍说他编著本书的目的在于“以我国新文化运动正在开始，各种思想正在萌芽”，“本书对于各重要学说，大体具备”，“供初学者对于社会思想之研究。”又特别声明，本书“非论究我国现实社会政治问题，其有若干过于激烈之理论，因我国言论出版自由程度之关系，只得暂从割弃。”

该书开头说：“世界无论何国，均因政治组织、社会组织、种种偏狭缺陷之结果而发生最危险最急切之所谓社会问题”，而“社会主义，即考虑得失，衡以国情，求所以解决之良法也。”又说，“社会主义以经济问题为其发轫之点”，“社会主义云者，以增进社会全体之自由幸福为目的。权利义务，悉为平等，共有重要之生产机关，且公平分配生活及享乐之资料，使社会之一员不能对于其他之一员有所掠夺。此社会主义之社会组织也。”还说，“研究社会主义，尤当时时勿忘却中国之实情。”

是书分两编，上编为《社会主义之概念与历史》，其中《德国社会主义之发达》一章，详细地介绍了马克思、恩格斯的生平及其学说。他说：“彼两人之著书，对于现在之社会经济状态，下深刻之批评。明示社会发达之倾向，社会主义之社会有必然实现之趋向，而说明真理之路。其唯物史观说与剩余价值说，成为近世社会主义运动之中心色彩。”又介绍他们合著的《共产党宣言》，说：“此宣言之内容，至今世界各国学者研究社会主义，每引证之，以为立说之张本。处于世界社会主义史上，占重要之地位。”“其有名之语曰：‘由来一切社会之历史，阶级斗争之历史也！’”“自有此宣言，世界劳动者运动，遂至别开生面。其影响之大，固不待言。”继又介绍马克思的《资本论》说：“自马克思此书出世，从前空想的社会主义，至是乃形成科学的社会主义。且供给实行方面，为德国社会民主党之党纲。”

是书下编分述国家社会主义、马克思社会主义、马克思主义之“修正”、无政府主义、布尔什维主义、基尔特社会主义等六方面。

在介绍马克思社会主义时，他说马克思的思想分三个方面，即哲学、社会学、经济学。哲学方面行辩证唯物论，社会学方面有唯物史观，经济学方面有剩余价值说，并详细介绍了马克思在这些方面的论点。这里仅举一例，飘萍在介绍马克思的剩余价值学说时说：“今日资本家之富，皆从劳动者之剩余价值中榨取而得。”他并解释剩余价值：“资本家买得劳动者之劳动力，使用于工场，以产生有价值之商品，一方面则付给工资，以充劳动者及其一家生计之生活费。但资本家使用此项劳动力所产生之商品，其价值必比给付劳动者之工资为高。此即所谓剩余价值。剩余价值之所以出，决非由生产机关而生，乃由劳动力之剩余劳动而生。即除了必要劳动（以抵其工资）之外的多余劳动。”最后说：“马克思即发现剩余价值之学说，证明资本家之富均从剩余价值发生，为资本家榨取劳动者所有以成其富之证据。与唯物史观中之阶级斗争说，同为授与劳动者运动之科学的根据焉。”

他在介绍对马克思主义的修正派时说，19世纪末以至20世纪初，欧洲思想界有新理想主义、新康德派发生，欲取代唯物主义之地位。其中伯恩斯坦一派公然评论马克思主义，提出种种反对意见。飘萍说这派：“于实际行动上，是弃革命主义，而奉进化主义与改良主义，乃修正派主义之特色。”又说，“这派放弃革命，所以反对劳动者独霸政权，而主普遍选举，主议会政治。”

在介绍无权力主义（即无政府主义）时说，无政府主义分两种，一种为个人的无政府主义，主张个人绝对的主权与自由，为无强制、无支配、无干涉之极端“自由人”的结合。还有一种社会的无政府主义，则主张变更社会经济组织，其特色为“以一切中央政府之干涉为无用而排斥之，且以使之绝灭为目的”。

他还介绍了布尔什维主义说：“此即日人所译为‘过激派’者，而日本研究社会主义之学者，则以此种新造名词为杜撰，且指为‘故意的曲解’。偶见我国某报之评论，竟又将‘过激’两字，如八股破题，加以咬嚼。谓‘激而曰过’，又曰‘激已不可，而况过夫！’以如是振荡世界，见逼近我国西北之极大事故，乃毫不加以研究，致有此隔靴搔痒令人喷饭之文章，不亦大可哀乎！”在叙述了布尔什维克的形成之后，他说“在布尔什维克领导下，俄国革命于1917年11月7日宣告成功。”最后说：“吾人所得消息，以布尔什维克为中心之劳农政府，方着着胜利，扩张其势力。”“据悉，劳农政府已对我国宣言，抛弃其旧俄帝国在华所得权利。我政府虽无何等表示，然已觉研究俄事之急要。”

本着“研究俄事之急要”的精神，飘萍在旅日半年中编撰了《新俄国之研究》一书。出版后销售一空。底稿存于《京报》馆。后于1966年秋，连同飘萍所有已付印的底稿、将付印的书稿以及一些与革命有关的相片（其中包括“三一八”惨案中被枪杀的无数青年横尸满街的相片），一并烧毁。至今我手头已无此书，无法介绍它的内容。

七

1920年，安福系政府倒台，飘萍由日返国。起初，北京当局想收买他，一面由部级各机关与飘萍交往，一面由政府赠给他什么“二级勋章”等。飘萍对他们这种作风深为不齿，不予理睬。他一心致力于复活《京报》，集资新建报馆于宣外魏染胡同，其中设备也是旧馆不可相比的。新报馆落成那天，飘萍还拍照做成纪念明信片，分送各方。

飘萍返国时，一个朋友曾进言：“年来政潮不靖，虽原因甚多，而舆论界之不善指导，实亦不能讳言。”飘萍亦有感于此，遂决心要把《京报》办成为表达公正舆论的武器。他曾说：“贫贱不能移，富贵不能淫，威武不能屈，泰山崩于前，麋鹿兴于左，而志不乱。”飘萍以为北洋军阀所以能如此残民祸国，主要原因为有帝国主义的支持，其中尤以日本帝国主义为最可恨。所以《京报》要继续以往奋斗的传统，要和帝国主义作斗争，特别是同日本帝国主义作斗争。再者，报纸要表达民意，必须与革命力量配合，为革命做宣传。《京报》最后两年，特别强调这一点，使南方的革命呼声，北方也能听到。

《京报》复活的六年间，适当中国历史大转变的时期，飘萍以敢说敢做的精神，对历史和新闻事业做出了贡献。

（一）1923年，北京创办平民大学，并设立报学系，飘萍为该校教授，讲授他所著的《实际应用新闻学》，指导学生发行《新闻学系级刊》。戈公振评为“报学界罕有之出版物”。

飘萍的新闻著作有两本：一为在北京大学执教时所写的《新闻学总论》，一为在平民大学执教时所写的《实际应用新闻学》。关于前者，飘萍曾致函潘劭昂述及作此书之目的：“余百无一嗜，惟对新闻事业乃有非常趣味，愿终生以之，近不惜报务之冗繁，编成《新闻学总论》一部。顾年将四十，精力已衰，而成就无可数，故欲出其二十年来潜研及经验所得，尽力讲授，佐以著述，以享有志于此之青年。”此书现在遍寻不得，故我也无法介绍其内容。

关于《实际应用新闻学》，则手头仍存一部，可略作叙述。是书又名《新闻材料采取法》，实际是一本新闻采访学。它开篇就说：“报纸之第一任务，在报告读者以最新而又最富兴味最有关系之各种消息，故构成报纸之重要原料，厥为新闻。”“新闻材料何自来，全赖外交记者之活动。”飘萍当时欲扭旧俗，使社会重视向来不受重视的访员。他以身作则，亲自采访。逢遇内政、外交大事，飘萍最敏感，必定亲自采访。北京的大官不愿见新闻记者，但飘萍却能使之不得不见，见且不得不谈。采访时，对于接待他的人先不谈及政治，而是天南海北地聊一阵，常在对方不知不觉之中，巧妙地得到了一些不可多得的新闻。自此官僚们渐识飘萍，亦渐重视报纸，于是飘萍声誉斐然。《新闻材料采集法》所谈的都是采访技术，并且附以他的亲身经历，故对记者有所帮助，当时在国内还没有第二本。

（二）1925年初，《京报》扩充副刊，除每日有《京报副刊》

外，并有十二种周刊，计为：《莽原》《戏剧周刊》《民众文艺周刊》《妇女周刊》《儿童周刊》《文学周刊》《电影周刊》《国语周刊》《小说周刊》《图画周刊》《西北周刊》（西北边防督办公署主编）、《教育周刊》；三种半月刊，计为：《北大经济学会半月刊》《社会科学半月刊》《诗学半月刊》。"此种办法实兼日报与杂志之长而有之。在上海则《时报》首创，在京则《京报》开始。一时学界之热心贡献，社会之限于年龄及经济不能入专校者，各得求知识于报章，所造于士林者甚大。"（徐凌霄：《飘翁对于文化之努力》）这种副刊的多样化，实是飘萍对报业的另一大贡献。

这里要特别说说《图画周刊》。这个周刊是北方的第一份画报。它创刊于民国十三年十二月，正值孙中山先生北上准备召开国民会议之时。中山先生北上途中，把他的一张相片从天津托专人兼程送来北京，赠给《京报》。《京报》即以《图画周刊》创刊号的方式予以刊出。标题是："全国景仰之中山先生。"这张照片的刊出，对于当时执政的段政府是当头一棒。

（三）1924年第一次国共合作成功，在革命统一战线的推动下，于1925年7月在广州成立了国民政府。1926年春某天，《京报》在头版以出号字标题，表彰国民政府的革命功绩。飘萍亲笔标题："广东国民政府，论政治为全国第一。"当时轰动北方，但亦为北洋军阀、官僚所痛恨。实际上自1921年中国共产党成立后，李大钊同志即与《京报》有紧密联系，《京报》已负有在北方宣传革命的神圣职责。

（四）1924年，冯玉祥将军来北京，驻军于南苑，邀请京中各报记者阅兵并谈话。飘萍亦参加了。谈话当中，飘萍为之分析国内外形势，坚决主张冯应远离军阀争夺旋涡之北京，驻军西北而开发西北。西北乃唯一没有帝国主义之净土，必将大有可为。冯将军听后大为赞赏。当晚又请密谈，飘萍建议冯将军赴苏联学习，又说目前在国内须立即与南方革命力量取得联系，将部队改编为国民军。待南方展开北伐战争时，即为之声援。此乃正当之出路，而非北洋军阀之混战可比。冯听后动容，即趋前握手，连呼："对！对！"这些建议冯将军后来逐渐实行。传说冯聘请飘萍为总参议，但飘萍从未告诉过我，不知是否确实。但有一事可作参考，即冯于1925年2月在《京报》创刊《西北周刊》，正面刊登冯赠给飘萍的相片，上写冯的名义是"西北边防督办"，说明开发西北已得北洋政府之许可。这个周刊头一篇文章是《开发西北之重要关系》，署名"记者"，实出于飘萍之笔。

（五）1925年，第二次直奉战争爆发。奉军重要将领郭松龄与国民军冯玉祥成立密约，一个回师北京推倒曹锟、吴佩孚，一个回师沈阳推倒张作霖。冯的计划成功了，而郭的计划却失败了。这并非郭的兵力不济，而是由于日本帝国主义横加阻挠。正当张作霖已无招架之力，准备交出政权时，日本政府派其关东军司令白川到沈阳，向张作霖提出"二十一条"关于满蒙地位的条款，作为出兵援张的交换条件。张作霖完全接受了日方条件。在日军的干涉下，郭终遭惨败。

当时《京报》全力赞扬郭松龄将军的行动，并鼓励张学良"父让子继"，由"少帅"接任"镇威军"总司令，改造东北政局。（因郭与张学良有深交，故作此离间之计。）及至日本出兵，《京报》遂将日帝阴谋全部揭露，这亦促成了张作霖必欲杀飘萍的念头。

（六）1926年3月18日，北京人民数千人在天安门举行反帝国民大会，会后进行示威游行，并到段祺瑞军政府前请愿。段祺瑞在英、美、日等帝国主义者的支持下，下令向手无寸铁的群众开枪，打死四五十人，重伤200余人，制造了震动全国的“三一八”惨案。

惨案发生后，飘萍在报馆闻讯，义愤填膺，立即派新闻记者和摄影记者赴出事地点调查，自己则亲赴权威方面访问，直至深夜归来，即奋笔疾书，写下那篇震动一时的讨段檄文《世界空前惨案——不要得意，不要大意》。文曰：“世界各国无论如何专横暴虐之君主，从未闻有对徒手民众之请愿外交而开枪死伤数十百人者！……不问政府借口之理由如何充足，皆不能不课以重大之责任，而况毫无理由可据乎！倘犹以为得意，是用心之险狠甚于彼等之所谓暴徒乱党矣。……此项账目，必有结算之一日。……民众方面，本报劝其不必再为与虎谋皮之愚举。昨闻青年界死伤数十百人，既痛惜政府之戕贼人民有如草芥，而种下今后之因。将来革命怒潮中，必有十百倍残酷于此之事实出现，此真未来之大危机也。政府既抱极端之主张，本报殊不愿青年徒为无益之惨死。政治中之真相，有非徒恃理论与热心所能达到者，故敢劝爱国诸君之勿再大意也。”

惨案发生后，飘萍两日不眠，思想陷于极度紧张状态中。第二天，又写一社论：《可谓强有力之政府矣——举国同声痛哭，列强一致赞成》。他说：“英、日诸国迭次对华宣言有云：‘我们极愿以好意帮助中国，可惜中国老没有一个强有力的政府。’此种慈祥恺悌之言，在长于‘内感外感’之段祺瑞等闻之，不禁合掌而深谢曰：‘善哉善哉，小子敢不勉诸？’于是，‘武力统一’也，‘战而不宣’也，种种活剧，闹得中华四分五裂，杀人盈野，血流成河，寡人之妻，孤人之子，焚烧抢掠，全国无一片干净土。然而强有力之政府终不可得，惟滥费数万万元之外债，捐得一亲日派之头衔。……前日之夕，凯歌齐奏，列队游行，谓已战胜徒手青年，子弹无一虚发，尸横满院，伤者尤充塞街衢，有漏网者，随之以通缉令。武力统一北京之政策，予以达到，列强多年所希望之强有力的政府自此完成。猗欤盛哉！此诚中华民国之新纪元，段祺瑞半生学佛之大善果也。虽举国难免有痛苦之声，而列强则一致赞成，决践好意援助之前诺，岂非段祺瑞、章士钊、贾德耀等之一大成功也哉。至于自来讨死之青年，徒供竖子成名之材料，在吾人或以为可怜，然以我佛之慈悲慧眼观之，亦‘活该’而已矣。”

20日飘萍又写了一篇锐利的特写《小沙场之战绩》，文中说：“执政与总理，皆多年绾握军符，深谙韬略，前夕之打围游戏，以国务院为小沙场，其军令之严明，指挥之如意，极大战绩，有是为国史要材，佛林佳话者。男女众生，不知死活，摇撼铁门，已中诱敌之计矣。枪弹一鸣，即用包围之阵法，如不善跑，几无一得免焉。故牺牲者皆倒毙于外院，此足证明男女众生之无力冲锋，而卫队旅之能勇敢以追击也。倘非有预定之计划，故杀之深谋，又焉能克奏肤功若此。……院之照壁，弹孔若麻子，此弹纯从内发之证也。而官兵方面，则未伤一个，未死一卒，优劣之势显然，强弱之分若判。本报之意，通缉令之外，不可无一奖励之令焉。……将来算账，垒垒之死尸，皆输赢之筹码也，功垂竹帛，虽欲不居，度无所逃于天地之间。执政总理丫头之子若孙，蒙此福荫，殆皆享用不尽也矣。”

当时，冯玉祥部队虽驻北京城，但段政府自有卫队。惨案发生时，开枪者系段的卫队，但段政府发言，每诡称开枪者又“军警”，企图嫁祸于人。飘萍于21日晚又撰一文：《警告司法界与国民军——段、贾等可逍遥法外乎？各方注意屠杀案要点》，说：“段祺瑞、贾德耀等令其卫队旅开枪，死伤爱国游行请愿之民众数十百人而后，因彼等无责任观念，无法律观念……卸罪他人，其狡猾无耻诚出于吾人意料之外。”在列述惨案的几个要点之后，又说：“试问如此无法无天之行为，尚可令居政府之地位否？以许多凶犯居政府之地位，北京秩序能无危险否？以如此无法无天之凶行而可以丝毫不加惩治，中国今后尚欲有政府有秩序否？以如此故意犯罪凶杀多人之巨案，而司法机关不能尽职以正其罪，今后强盗杀人之案，尚可使之伏法否？法律尚有一条一字可以有效否？”“故此时之司法机关，当下尽职之决心，示独立之地位，组织特别法庭，将段、贾等逮察讯问，律师公会应全体出席，加以监视，绝非有名无实惩办卫队可以卸责。因政府中人初欲推在卫队身上。真是无赖已极，而愈是证明其故意凶杀之罪。”“余今警告国军将领，司法机关如无力执行此案，则国军应听司法机关之指挥，缉拿要犯，公开审判，使犯罪者伏法。”

连日来，飘萍白天外出采访，夜则振笔直书，把《京报》完全作为讨伐段政府之舆论阵地。除亲自执笔外，他并请鲁迅先生并肩作战。鲁迅当时在《京报》曾发表三篇著名杂文，即《可惨可笑》（3月28日）、《如此讨赤》（4月10日）、《大衍发微》（4月16日）。孙伏园亦以“孙柏”之署名，写了很多犀利的文章。而飘萍则以“素昧平生”的笔名，写了一些副刊文章。

与民为敌的段政府不仅绝无悔意，而且对主张正义的人们恨之入骨。他们3月26日发表了48人的通缉名单，邵镜清（飘萍）、周树人（鲁迅）之名赫然在上，鲁迅避走厦门，飘萍则终遭毒手。

八

1926年春，张作霖又和吴佩孚携手，并拉阎锡山作为盟弟，一起进攻国民军。冯玉祥当时已在出国赴苏途中，不欲再从事内战，在优势敌人的压力下，不得不命令所部退出北京。

国民军退出北京，奉系军阀势力随之而入。飘萍和我商议，他到东交民巷俄国使馆，暂避其锋，同时在六国饭店开了一个房间，接待来访主人。他要我仍暂守报馆，负维持之责。其时有一不务正业的人，名张翰举，平素也识飘萍（报人识人甚多）。此时，他突然常去六国饭店，表示异常亲密，并自称：“能设法向张学良疏通，张已见允。”4月24日，飘萍因久离报馆，拟回馆料理报务。事先以电话向张翰举说明其故，张让飘萍放心回馆，说他以人格担保不会出事。下午5时飘萍驱车回馆，不足一小时即走（此乃与我之永别也，痛哉！），才出魏染胡同南口，即为预伏便衣的汽车所截，横遭逮捕。第三天，以“宣传赤化”之罪被杀害，至此才知为张翰举所出卖。

飘萍4月22日返报馆之际，曾将写好的“飘萍启事”嘱我刊出。这是他临死前的绝笔：

飘萍启事

鄙人至现在止，尚无党籍（将来不敢预定），既非国民党，更非共产党。各方师友，知之甚悉，无待声明。时至今日，凡有怨仇，动辄以赤化布党诬陷，认为报复之唯一时机，甚至有捏造团体名义，邮寄传单，对鄙人横加攻击者，究竟此类机关何在？主持何人？会员几许？恐彼等自思亦将哑然失笑也。但鄙人自省，实有罪焉，今亦不妨布之于社会。鄙人之罪，一不该反对段祺瑞及其党羽之恋栈无耻；二不该主张法律，追究段、贾等之惨杀多数民众（被屠杀者大多数为无辜学生，段命令已自承认）；三不该希望取消不平等条约；四不该人云亦云承认国民第一军纪律之不错（鄙人从未参与任何一派之机密，所以赞成国民军者，只在纪律一点，即枪毙亦不否认，故该军退去以后发表一篇欢送之文）；五不该说章士钊自己嫖赌，不配言整顿学风（鄙人若为教育总长亦不配言整顿学风）。有此数罪，私仇公敌，早伺在旁，今即机会到来，则被诬为赤化布党，岂不宜哉！横逆之来源，亦可以了然而不待查考矣。承各界友人以传单见告，特此答陈，借博一粲。以后无论如何攻击，不欲再有所言。

这可以说是对阴谋杀人者一个正气凛然的答复。

23日，北京各报推举代表晋谒奉军第三军团长张学良，请求开释飘萍。张学良回答说："取缔宣传赤化分子，早经奉天军事会议决定，警厅奉令执行，邵飘萍不过其中之一而已。"又谓："此事乃老帅决定，本人无可如何。"其实，北京报界此举，无异与虎谋皮，因飘萍在社会上名望很大，奉军恐夜长梦多，乃于24日清晨押赴天桥枪决。我知道后即赴刑场，知刑吏对飘萍很表敬意，已将其尸浮埋于永定门外，并说飘萍受刑之时，曾仰天大笑数声。当时我不理解飘萍为何而笑？

"一唱雄鸡天下白。"我有幸沾沐党的恩泽，茅塞顿开。现在我了解飘萍凛然就义，粲然发笑，乃笑军阀政府垂死前之虚弱、凶残。黎明之悲剧，必将迎来魔鬼尽倒、凯歌高奏的一天。血债非但报之以同物，且须加倍偿还。

飘萍死之翌日，北京《世界日报》于头版大字标题："邵飘萍以身殉报。"

飘萍一生为报，死亦为报。其一生一贯以报纸与黑暗势力斗争。呜呼！可谓一代报人矣！

（选自《文史资料选编》第六辑，北京市政协文史资料委员会，1980年3月）

第二辑

以笔为枪：飘萍一支笔，抵过十万军

三寿星纵谈邵飘萍

旭　文

丙寅岁，笔者赴杭进京奔青城，先后拜访了老寿星张任天、金士宜、王之英先生。

张任天，原名家福，号图南，仙居人，住杭州。早年追随中山先生，参加辛亥革命。年届百岁，是邵飘萍在浙江省立高等学堂的同窗好友。

金士宣，东阳县泉府人。北方交通大学一级教授、副校长。年八十有六，是邵飘萍在北京的同乡好友。

王之英，又名王石之，东阳县王坎头人。先后曾任北京艺专校长，北大、清华、内蒙古师大教授。寿高九十有三，是邵飘萍在金华中学堂任教时的学生，又飘萍任务本女子大学校长时该校的教师，还有姻亲关系。

三寿星个个眉清目朗、精神矍铄、慈祥随和。笔者和他们谈起邵飘萍时，都充满追怀钦赞之情，并以当今受到各方的重视而感到无限欣慰！三寿星所提供的资料，零金碎玉，弥足珍贵。

办报生涯的开始

张任天先生回忆往事，记忆清晰，他说："我同邵飘萍是浙江省立高等学堂的同学，同班的有陈布雷、钱中海等人。他们都是考进来的，只我是从日本回国后的插班生。是时每班四五十人，学制3年。学费、书籍费、伙食费全部自理。

"当时的监督（校长）叫陆懋勋，教员里有不少是日本人和美国人，课本大都是油印的讲义，少数是英国剑桥大学和日本东京大学的教科书。邵飘萍学习成绩好，书法好，文章写得好，琴也弹得好，就是不爱好体育运动。

"记得1908年省开运动会，实际上是学校开的，但校外爱好者可以报名参加，还邀请社会名流观光。这次运动会，由于我和邵飘萍、陈布雷三人不爱运动，所以都没有参加竞赛项目，但又不甘寂寞。于是三人一合计，就办了个《一日报》。因为运动会只开一天，所以就取了这样一个报名。三人分了工，陈布雷为编辑，我和邵飘萍为访员（记者）。《一日报》为16开蜡纸版油印而成，共出20余期。每期印120份左右，分发先生、同窗和社会名流，很受大家的欢迎。这是我们三个人办报生涯的开始。

“飘萍采访时很机灵。运动会至中午，社会名流受到学生时事会的招待，请到特别室就餐。突然飘萍拉了一下我的衣襟，悄悄地说：‘图南，你看那个人把蛋糕塞进口袋了。一个名流，吃了还拿，真是条好新闻！’

“在学校里，我和邵飘萍、钱中海经常不去听课，以生病为名住到自修室里自学。钱中海爱画，就常到舒莲记扇店画扇面。邵飘萍喜欢写稿，便外出到处采访，连鸦片馆也去。他的文章写得既快又好，我们都很推崇他。”

邵飘萍在大学的情况，以往仅祝文秀有所回忆。这次张老先生所谈，补了这方面材料的不足。

身教言传育人才

王之英教授鬓发早衰，但乡音无改。他用一口标准的东阳话讲：

“我认识飘萍先生是在金华中学堂读书时。他教我们国文和历史。我与杜佐周都是他的学生，在丙班。陈豪是甲班，郑文礼为乙班。金华中学堂有数百人，学生来自府属8个县。当时的校长叫金兆模，是个京戏迷。

“飘萍先生对学生要求很严，对不认真听课的人就罚他到教室后排‘面壁思过’，但从不打骂。

“每当考试，飘萍先生就让学生前后调坐，形成前高后低之势。

他从后门进入教室，也不吭声，发现谁拿出夹带纸条舞弊，就悄悄地走近抽走。

“飘萍先生癖爱历史，历史课也上得特别好。他以激昂的爱国热情讲课，简直把文天祥、李清照、岳飞这些历史人物都讲活了。而且常常借用历史典故，为国家的兴衰大发感慨，宣传资产阶级民主思想。飘萍先生以历史为镜子，教给我们许多做人的哲理。”

飘萍先生在金华中学堂执教前后三年，王先生是唯一健在的亲聆者，涉及虽仅数语，也可见他作育人才是时刻不放松的。

“英灵”作伐结良缘

飘萍第一次亡命扶桑，住“日本福田公寓，此处离早稻田大学甚近”（杜钟彬）。1929年至1934年，王之英先生在留学日本时曾遇福田君。他说：“福田君，是东京的一个警察官。他有个女儿在早稻田大学附近开茶馆，与中国的留学生孙怀仁先生相爱，但福田君不同意。一天，孙怀仁请福田君吃饭，约我陪同作说客。席间福田君谈起他家里过去曾经住过一个中国留学生。我问是谁？他说是邵飘萍君。我讲飘萍是我的先生，是我的同乡、内亲。他听了非常高兴，立即拿出一副飘萍留赠的对联给我们看。那上面写着：‘莫放春秋住日去，最难风雨故人来。’大家边吃边说着，夸飘萍待友礼貌，英俊聪明，写的文章又快又风趣。在钦赞声中，福田君不但把这副珍藏多年的对联转送给我（已毁于‘文革’），而且还高高兴兴地同意，把女儿嫁给了怀仁君。”

飘萍的“英灵”作伐，促使一对有情人终成眷属。可见邵飘萍在日本的为人，是十分受人敬佩的。

勉我为铁路出力

金士宣教授十分推崇邵飘萍，谈到早年的交往记忆犹新，心情激动地说：“1919年至1923年，我在北京交通大学读书，因为同乡关系，有多次机会和飘萍先生见面，受他的鼓励和帮助，至今难忘。还有机会同他的父亲（来京探望他的）谈话几次，更觉难得在1923年1月，我名列第一名毕业，被派往交通部实习。是年，我写好《铁路运输学》，已请北京大学校长蔡元培先生题了书名，于是就去商请飘萍先生在京报馆印刷，承他慨然允诺出版了。书由他的昭明印刷局印刷，京报馆发行部代发行，对我的鼓舞很大。

“同年6月，我被派往美国留学4年，邵先生很高兴，特地宴请在香山休养的哈尔滨东省铁路督办、留美获博士学位的王景春于北京饭店，邀我作陪。酒席丰盛，每客25元（编者按：当年东阳城内高等酒席——鱼翅席，每桌10元左右），另加小费。席间鼓励我努力学习，为中国铁路出力。这次宴会，实际上是为我送行。邵先生对青年人的关怀，总是这样无微不至的。”

飘萍入党我知道

1986年7月10日，中共中央组织部下达（86）组建字103号文件：“认定邵飘萍同志1925年春加入中国共产党。”往日，有介绍人罗章龙教授证明。今天，又增王之英教授佐证。他说：“飘萍老师与李大钊先生是过从甚密的挚友。李先生是公开的共产党员，飘萍老师是秘密的共产党员。毛主席说飘萍是个自由主义者，飘萍老师自己也说不是共产党员。但我知道他是共产党员，这是方伯务告诉我的。

“我原就读于国立北京美术专门学校，它是在蔡元培先生竭力倡导下办起来的，校长叫郑俭，号根祥，毕业于日本京都大学，是广东人。当时师生中有27名共产党员，都是公开的。那时的学生会主席是方伯务，他是李大钊先生的得力助手。我毕业后集合了6个人，在大喜鹊胡同办了个“京华美术专门学校”，还天天给《晨报》送漫画，讽刺反动军阀。就在这时，方伯务叫我和王君毅加入共产党。方在与我个别交谈时说，飘萍先生已经参加共产党，意在发展我这飘萍老师的同乡和学生、内亲。

“1927年4月28日，方伯务与李大钊同时被奉系军阀杀害。大概是有我和王君毅的名字在方伯务的本子或纸条上，所以方氏被害后就有军警来搜查王君毅，又闻次日要来搜查我的住处。因此，当晚我就关起门来，把邵夫人汤修慧叫泛萍送到我这里的书，和飘萍老师从日本带回来的日文版《共产党宣言》《资本论》等，整整烧了一个晚上。”

几件“琐事”

在采访过程中，三寿星还谈及邵飘萍的许多“琐事”。张任天先生说：“当时我们师生参加反清斗争，都是秘密的活动，单独联系的，否则就有杀头的危险。邵飘萍思想激进，反清情绪也强烈，很可能与秋瑾女侠有过联系。金士宜教授讲：“邵先生与冯玉祥将军的关系密切，来往多，时常交换意见。冯玉祥率军驻扎南苑时，曾多次请邵先生去南苑，到军官学习班向学员讲述国内外政治形势，深受大家的欢迎。”

王之英教授就记忆所及，谈的“琐事”较多。主要有“邵先生小名新成，生在紫溪，后来由父亲带到金华，因为家里穷，才迁到金华谋生的。他的父亲很严厉，打人时很凶，飘萍小时候调皮被他父亲打得躲到桌子下面去。他的小辫子，是去杭州读书前剪掉的。

“王宝英，又名淑亚，学名璞如，是飘萍老师大姐的长女，与我同村又是亲戚。她在杭州女子师范毕业后到京，飘萍老师就把她交给我，同住一所公寓。不久，王宝英进入北京平民大学读书，便住到学校的宿舍去了。她的爱人华挺生，在北京国民大学读书。1924年，飘萍老师把他们送到苏联去读书深造了。那时去得很秘密，我是他们走了之后才知道的。

“飘萍老师在京都，一方面倾心结纳同仁，很有本事，团结了各方面的许多人。另一方面抨击敌人，挨骂的还得出钱。因为骂了之后，飘萍老师就上门，敌人就诉挨骂之苦，老师听了付之一笑，说确有其事，挨骂难免。你要报纸不登，可以想办法停下来。实际上是登门前就决定停了。受者一听可以停下，就往报社送钞票。这是飘萍老师整军阀、政客的一种经济手段。

“飘萍老师不抽烟，很清秀，很漂亮。衣着讲究，平时喜欢穿浅蓝色的长衫，外罩黑缎坎肩，不太穿马褂。他气魄大、胆子大，什么也不怕，是个胆大包天的人。他很能说话，但不多说，似乎很沉默，然而说出来的话则很有分量。他决定要办的事，就非办不可，谁也别想叫他停下来，很有股浙人的倔气。我在北京国立艺专当校长时，徐悲鸿、齐白石老师谈起邵飘萍的为人，总是钦赞不止。

“飘萍老师在北平，始备洋车代步，车上每边有3盏灯，共6盏，很漂亮。旋换马车，豪华一些，容易进中南海采访。后又添置了小轿车，更为气派十足，这样在一般情况下便能直进中南海而不会受阻了，给采访带来了许多方便，他是为有利于采访工作而这样干的。”

这些史料，虽谓“琐事”，实值记述。

（选自《东阳文史资料选辑》第4辑，浙江省东阳县文史资料工作委员会编，1987年9月第1版）

勇猛的战士邵飘萍

方汉奇

邵飘萍是我国民主革命时期文化战线上的勇猛战士，杰出的新闻工作者、新闻学者和新闻教育工作者。他谱名新成，又名镜清，字飘萍，浙江东阳人。1886年10月11日（光绪十二年丙戌九月十四日）生于金华。祖父加入过太平军，父亲邵桂林是当地私塾的教师。邵飘萍青少年时代即以早慧闻名于乡里，12岁就考上了秀才。1902年考入杭州浙江高等学堂。1905年在该校毕业，返回金华，在金华中学任教。同时应聘为《申报》特约通讯员，为该报撰写金华通讯，开始和新闻事业发生关系。1912年再次到杭州，和当时在杭州的辛亥革命时期著名报人杭辛斋合作办报，任《汉民日报》的主编，开始了他的办报生涯。《汉民日报》被迫停刊后，他转往上海。1914年由上海东渡日本，就读于政法学校，课余和潘公弼等同学一道，创办东京通讯社，为京津沪汉各报提供东京通讯。1915年底返回上海，应邀为《申报》

《时报》《时事新报》等报撰写评论稿件。1916年至1918年接受《申报》聘请，担任该报驻京特派记者，负责撰写“北京特别通讯”。在此期间，他还在北京创办了一所通讯社——新闻编译社，并一度兼任章士钊主办的《甲寅》期刊的主编。1918年10月5日，他以个人的力量创办大型日报《京报》于北京，同时参加了中国第一个新闻学团体北大新闻学研究会的创建活动，应邀担任该会的导师，和当时是这个研究会会员的毛泽东、高君宇、罗璈阶等人建立了密切的联系。1919年8月《京报》被皖系军阀封闭，他再次东渡日本，应聘为大阪《朝日新闻》社的顾问，并系统地考察和研究了日本的新闻事业。1920年皖系倒台，他回到北京，恢复了《京报》的出版。在办报之余，他还致力于教育事业，曾经应聘为北京平民大学报学系和政法大学的教授，讲授新闻学课程，编写出版了《新闻学总论》和《实际应用新闻学》两部新闻学专著，并担任了务本女子大学的校长。1926年4月18日奉系军阀进入北京，他于4月24日被捕，4月26日凌晨被害。邵飘萍不仅在中国新闻史上享有盛名，在中国近代现代文化史上也有一定影响。他的一生，是为反帝反封建军阀的民主革命事业奋斗的一生，是一个正直的爱国的新闻记者的战斗的一生。他的被害，引起了广大人民群众对封建军阀的无比愤慨，他的名字已经成为和封建军阀作斗争的牺牲者的象征。在他被害的以后半个多世纪的时间内，他一直受到人民的同情、尊敬和怀念。

邵飘萍的战斗业绩是十分丰富的，成就是多方面的，最值得纪念和学习借鉴的是他以下三个方面的精神：

第一，勇于探索与时俱进的革命精神。

自从鸦片战争以来，不少先进的中国人就在探索挽救危亡和振兴中华的道路，在他们的努力下，经过了无数的胜利和挫折，经历了两次大的腾飞，才取得了民主革命的胜利，成立了新中国。邵飘萍已是这个行列中的人物。青年时代的邵飘萍是孙中山民主革命事业的积极支持者。他和光复会系统的革命党人曾经有过接触和通信上的联系。辛亥革命后，不少革命者在“革命功成，革命党消”的口号下退隐了、蜕化了，他却仍然坚持民主革命的道路，在舆论战线上，和封建军阀官僚进行坚决斗争。他在《汉民日报》上发表的许多评论，就表明了他的这一坚定立场。二次革命失败后，又有一些坚持过革命的人退缩了，他却愤然而起，高举反袁的旗帜，和袁世凯的帝制自为活动作斗争。辞锋的锐利，态度的勇猛，在侪辈当中都是比较突出的。这一时期发表在《申报》《时报》《时事新报》上的不少社论和短评，就是历史的见证。五四运动的爆发，他是积极的参加者，曾经在五四前夕（5月3日晚7时）召开的群众集会上慷慨陈词，呼吁救亡，使到会的1000多人都为之动容。“五四”以后，他继续站在革命立场，和北洋军阀的反动统治作斗争，在《京报》上发表了大量攻击和揭露北洋各系军阀官僚投靠帝国主义昏谬贪残丧权辱国等罪行的通讯报道和评论。“五卅”运动、“三一八”运动，他都是积极的参加者，并曾经给运动以有力的舆论支援。尤其难得的是，他虽然参加过旧民主主义革命，却并不以旧时期的民主革命思想自囿。当十月革命的消息传到中国以后，他立即表示欢迎，并热心地向读者介绍十月革命后的新的苏维埃政权各方面的成就，称颂她是“世界历史上之一新纪元”，预言“今后果见社会主义之成功，其影响于世界，将较诸美国独立法国革命之威力为尤著”（《新俄国之研究》序）。鼓吹中苏建交，赞成“以俄为师”。与此同时，他还致力于马克思主义的研究，认为马克思主义是劳动者必胜的左券。公开在他所办的《京报》上发行纪念马克思诞辰105周年的特刊、悼念列宁逝世的特刊、发表介绍马克思主义的文章，为马克思主义在中国的传播作出了一定的贡献。邵飘萍在1921年以前，没有参加过任何党派。但自从1921年中国共产党成立以后，他就积极和党保持密切联系，为党做大量工作：协助党报党刊和党的一些宣传品的印刷出版；帮助党培养新闻工作干部；给北方党领导的二七罢工和开滦煤矿罢工活动以舆论上的支持；和积极参加国共合作的孙中山、冯玉祥等国民党领袖和将领，保持紧密关系，给他们的革命活动以舆论上的声援。邵飘萍的一生，是一个在救国救民的道路上，不断探索，不断前进，生命不止，奋战不已的一生。他的这种上下求索与时俱进的精神，是很值得我们学习的。

第二，坚持真理为之献身的战斗精神。

在旧中国的新闻记者当中，邵飘萍算得上是有骨气的。他坚持独立办报的方针；主张新闻工作者应该“艰苦卓绝”；应该“虽幽囚受辱而安之若素”；应该“尽自己之天职”，“平社会之不平”，“苟见有强凌弱，众暴寡之行为，必毅然伸张人道，而为弱者吐不平之气，使豪暴之徒不敢逞其志，不能不屈服于舆论之制裁”（《新闻学总论》）。这些主张虽然受资产阶级新闻观点的影响，有一定的局限，但矛头主要指向禁锢言论的北洋军阀，是为了使报纸能够摆脱他们的束缚，坚持民主革命的立场，在当时的历史条件下还是有积极意义的。从这一立场出发，邵飘萍还提倡新闻记者应该有“贫贱不能移，富贵不能淫，威武不能屈”的精神；经常以“铁肩辣手”自励；以“铁肩担道义，妙手著文章”作为自己和全体《京报》工作人员的座右铭。他是这样说的，也是这么做的。由于经费困难，他有时也接受一些人的资助，但从不为反动军阀所左右。对反动封建军阀的高价收买，往往嗤之以鼻，断然拒绝。在从事新闻工作的十四年当中，他曾经四被追捕，数入牢狱，而民主革命之志终不屈挠。只要是合乎真理、合乎正义的事情，他认准了，就一定坚持到底，鼎镬不辞。在袁世凯和直系奉系军阀炙手可热的时候，他公然直斥前者为“袁贼”，称后者为“国民公敌”“鲁民公敌”“一世之枭”，攻击军阀之间的内讧为“以暴易暴，毙一虎而仍生一狼”，指出军阀政府的统治，“比强盗更可怕”。“三一八”事件爆发，他名列段祺瑞政府颁发的黑名单的第16名，《京报》被列为准备“扑灭”的四种报纸当中的第一种，他仍然把矛头对准残民以逞的皖系军阀，鸣鼓而攻之。奉系军阀进京前，冯玉祥曾经派鹿钟麟三次去他家，劝他暂时放弃《京报》，离开北京。他自己也知道“私仇公敌，早伺于旁”，形势险恶，对他十分不利，但仍坚持不去，遂及于难。凡此种种，虽然未必明智，但这种在真理面前敢于坚持、敢于斗争，不惜为之献身的执着精神，还是很难能可贵的。

第三，精益求精锐意改革的进取精神。

邵飘萍对新闻事业的各个方面都十分出色当行，他不仅是一个著名的新闻记者，也是一个著名的报刊活动家、报刊政论作家、新闻理论家和新闻教育家。在以上这些方面，他都努力钻研，锐意创新，时时有所发现，有所发明，有所前进。

在新闻学理论的研究上，邵飘萍是一个开拓者。他所写的《新闻学总论》和徐宝璜的那部《新闻学纲要》，同属中国最早的一批新闻学著作。就其整个体系来说，邵飘萍的新闻学观点还是资产阶级的。但是，他并不满足于原封不动地照搬西方新闻学专著中的那些陈词滥调，而是根据中国的情况加以研究和发挥，有不少独到的见解。他强调新闻的真实性，以“探究事实不欺阅者”为新闻报道的第一信条；他强调报纸的指导性，反对所谓的“有闻必录”和趣味至上。他认为在资本家垄断一切的资本主义制度下，新闻事业只能随人俯仰，并不是“理想的事业”等这些观点，都很有见地，具有一定的进步意义。

在新闻业务的实践上，邵飘萍是一个勇于创新的人。他从不墨守成规，从不故步自封。他从开始办报活动的第一天起，就致力于新闻改革，在新闻写作新闻编辑新闻采访和报纸经营管理等各个方面，他都有不少的建树。

在新闻评论的写作上，他针对以往的报纸评论“少事实而多论断”，好发空论的缺点，很注意用事实说话。他认为，“事实乃最易于证明是非”，“其足令读者同情信仰，反较诸凭空臆断之言为有力”（《新闻学总论》）。他还主张写评论要“简洁明快”和“含有美术之意味”，“除去记述某问题之理由见解外，其文字亦具几分动人之魔力”。他所写的时事评论，不论是长篇的社论，或是百把字几十字的短评，都“清通简要，雅善讥弹”，很有特色，很引人看。

在新闻通讯的采访和写作上，邵飘萍也有很多创获。他从开始办报的第一天起，就积极参加新闻采访活动，后来当了主笔、主编、社长，仍亲自动手采访重要新闻。他是中国新闻史上第一个享有特派员称号的记者。在担任《申报》驻北京记者期间，他两年内就写了两百五十多篇新闻通讯，受到了读者的热烈欢迎和同行们的热情称赞。他十分重视采访的艺术，每次采访都能做到“发问不多，使言者无所遁饰”（汤修慧《实际应用新闻学》序），“旁敲侧击，数语已得要领”（张季鸾《追悼飘萍先生》）。在总结采访经验的时候，他提出记者必须细致、机警、敏捷，有很强的观察力、推理力、联想力，有很好的文化修养，讲求精神文明，恪守职业道德。这些主张对提高记者的素质和水平，都具有一定的积极意义。在新闻通讯写作上，邵飘萍使用的是一种夹叙夹议虚实结合的体裁，他的文章恣肆流丽，生动活泼，对同时期的新闻写作，也起了一定的影响。

在报纸编辑工作上，邵飘萍有不少改革，他十分注意标题和版面的安排。他所主办的《京报》，栏目众多，新闻通讯和评论结合紧密，标题多行多层次，“尤极活泼显豁之能事”（潘公弼《纪念飘萍先生》）。当时的北京各报纸办得都很死板，《京报》的异军突起，对当地报纸编辑工作的改革，起了一定的带头作用。

在报纸经营管理的改革方面，邵飘萍的成绩也是十分显著的。他创办的《京报》，最高发行数字达6000份，是当时北京地区发行量最大的一家报纸。由于经营管理得当，创刊仅两年，就自建了两层楼的馆舍，这是当时北京新闻界唯一的一所自建馆舍。《京报》附设的昭明印刷所，除了承印《京报》外，还接受其他印刷出版业务，经济效益也很好。在办报过程中，邵飘萍十分重视利用和依靠社会上的力量。只有十几个编辑工作人员的《京报》，除了日出两大张正张外，还先后出了《京报副刊》《莽原》等23个副刊，就是充分借重社会力量的结果。《京报》在经营管理上取得的经验，曾引起当时国内新闻界的普遍重视。

在新闻教育事业上，邵飘萍也是一个开拓式的人物。他十分关心新闻人才的培养。不论在新闻学研究会，还是在平民大学报学系和法政大学，他的课都很受欢迎。他讲课时深入浅出，理论联系实际，并且十分注意培养学生的动手能力。他所编写的两部教材，是中国新闻教育史上的最早的一批教材。在他指导下出版的新闻学研究会机关刊物《新闻周刊》，是当时“中国唯一传播新闻学知识之报纸”（戈公振《中国报学史》），在他指导下出版的平民大学报学系的《新闻学级刊》，被认为是“报界罕有之出版物”（同上）。

邵飘萍在新闻事业的以上各个方面所取得的成就，说明他是他所处的那个时代的一个富于进取精神的改革者。他在新闻改革方面长期积累下来的许多经验，是值得研究借鉴和学习的。

邵飘萍不是一个完人，他有不少缺点，也有一定的历史局限，这些都是可以理解的，也是可以根据当时的情况加以说明而不必苛求于前人的。

今天，压在中国人民头上的三座大山已经完全推倒，邵飘萍为之献身的政治理想在党的领导下已经完全实现。他所热爱的新闻事业、新闻学研究和新闻教育事业，后继有人，空前繁荣。他如有知，可以欣然瞑目了。

斯人未憔悴

——思念邵飘萍烈士

顾执中*

11月1日上午9时，首都新闻、教育界举行纪念邵飘萍烈士诞辰100周年大会，我们老夫妇也被邀参加。当登上主席台时，我看见在台上有跟飘萍烈士同时代的记者萨空了和我。有稍后一些的刘尊祺、方汉奇、温济泽、刘爱知，有再后一些的徐惟诚、钟沛璋，还有他的年已71岁的长女邵乃贤、长子邵贵生等亲属。台下济济一堂，全是攻习新闻专业的青年学生。天地有正气，浩然塞苍穹，好像飘萍烈士，其人其精神，还和我们大家在一起。可惜他的95岁的老爱人汤修慧因患脑出血症，不能参加，否则她的体会自然要比我们更为深刻了。飘

* 作者系与邵飘萍同时代的新闻工作老前辈。

萍烈士的被杀牺牲，迄今已58年了，犹令人敬爱如此，真是斯人未憔悴，凛然似犹在人间。

飘萍烈士的精神是不死的。在祖国新闻事业的历史上，斗争一浪复一浪，许多人继承了他的事业。在他那时，是中国正直的爱国的新闻记者跟残民媚外的北洋军阀的斗争；在那以后十一年，是上海爱国的报人，在上海这个孤岛上跟侵略中国的日本法西斯魔鬼的斗争。《文汇报》和一些宣传抗日的报纸，《华美晚报》等几乎都是在最危难的时候，同时在孤岛中出现的。毛泽东主席在1938年初夏发表了《论持久战》。当时，由一些爱国报人在《大美晚报》勇敢地把它全文发表，对人心的稳定，起了极大的作用。敌寇汉奸，恨得切齿咬牙，在种种恐吓威胁手段施行无效以后，就派遣特务进行暗杀活动，该报编辑朱惺公在苏州河北步行时，被从背后用乱枪打死。之后，特务等又在白克路（现凤阳路）袭击《申报》编辑瞿绍伊，被枪伤臀部。比及1940年春，汪精卫在南京组织成立伪汉奸政府，上海极司菲尔路76号的特务匪窟，更形猖獗起来。他们先把一批上海报人列入黑名单，于7月1日起发表"通缉令"，随即把《大美晚报》的经理张似旭乱枪打死于南京路起士林咖啡店，继把《新闻报》编辑倪澜深绑架至匪窟，严刑拷打，三个月后释出，归家不久就死了。我那时是《新闻报》记者及民治新专校长，也于8月15日下午在法大马路萨坡塞路口（现金陵东路淡水路口），被敌伪特务从背后打了三枪，其中一枪打中颈部，颈右受重伤。过了两三天，《大美晚报》青年编辑程振璋，又给特务们用乱枪打死于广慈医院对面的人行道上，肝胆俱裂，惨不忍睹。1941年春，《申报》记者金华亭也被敌伪打死于爱多亚路（现延安中路）。以上只是我个人所接触和所记忆的，新闻同业为祖国牺牲者其数远不止此。

为了祖国的正义的新闻事业，为了人民的翻身和解放，战斗是极其壮烈的，这为世界新闻史上所少有。这是我们全体爱国的中国新闻工作者的光荣。

飘萍烈士的精神不死！飘萍烈士永生！

（原载于《文汇报》，1984年11月16日）

邵飘萍与冯玉祥将军

邵寿生

邵飘萍是我国近代史上一位有影响的人物，在我国近代新闻史上有着重要的地位。他所创办的《京报》，是民国初年到20世纪20年代我国北方坚强的进步舆论阵地，对全国颇有影响。在我党成立初期的艰难时代，他就直接为我党做过许多工作，是我党最早的挚友之一。孙中山确立三大政策，国共实行第一次合作以后，邵飘萍公开支持孙中山领导的国民革命。

1924年，倾向进步的冯玉祥将军率部入京，发动了北京政变，囚禁贿选总统曹锟，把清废帝溥仪逐出宫廷，废除帝号。邵飘萍热烈赞扬这一进步行动，且对冯玉祥将军寄予很大的希望。邵飘萍随即应邀参加冯将军在北京南苑举行的有北京各报记者参加的阅兵式。两人一见如故，当晚冯即邀邵密谈。邵飘萍建议冯将军经营西北和赴苏联学习，并和南方革命势力取得联系，将部队改为国民军，以适应革命形势的需要。冯玉祥将军听后很感动，即趋前与邵握手，连说："对，对！"由是邵和冯结下了诚挚的友谊。1925年1月27日，冯玉祥亲笔下聘书："特聘邵飘萍先生为本署（西北边防督办公署）高等顾问"（这封亲笔信已于1984年9月在落实政策过程中，在归还的邵飘萍遗物中发现）。

1925年第二次直奉战争中，他支持冯将军策动奉军主力郭松龄倒戈。邵对军阀张作霖素无好感，但与奉系中以郭松龄为代表思想较新的一派是有联系的。他在《京报》上发表过不少赞扬郭松龄的文章，对冯玉祥联合郭松龄倒曹（锟）、张（作霖）的秘密活动，十分支持。在冯军进入北京之前，邵飘萍曾亲至包头访冯。当时《京报》曾刊登邵飘萍包头访冯的照片。邵飘萍在1923年出版《实际应用新闻学》一书，冯将军曾为其亲笔题词："立德，立功，立言。"

由于直奉联军进逼，冯部国民军于1926年4月15日撤离北京至南口一带驻军（当时冯将军已赴苏联学习）。在白色恐怖即将来临之时，邵飘萍还在《京报》上发表了一篇欢送词。冯部鹿钟麟将军曾三次敦促邵暂时离开北京，但不久邵即不幸被捕，壮烈殉难。当时冯将军正在苏联归国途中，得此噩耗，十分悲痛。冯将军曾说："飘萍一支笔，抵过十万军。"他又说："飘萍握一支毛锥与拥有数十万枪支的军阀搏斗，卓绝奋勇，只知有真理是非，而不知有他。"在1929年由新闻界知名人士80余人发起的为邵飘萍、林白水举行的追悼会上，冯将军送的挽词中首句是"当年风雨感鸡鸣"，以追忆他们的友谊。他称赞邵被奉张诱捕以后，"黑狱九城宁玉碎"，对邵坚持真理的大无畏精神十分钦佩。

邵飘萍智取新闻

楚　舒

第一次世界大战开始不久，袁世凯政府面临“参战还是中立”的问题，举棋不定。当时的中国国务总理段祺瑞召集内阁会议，在一片吵闹声中作出决策，但迟迟不敢公之于众。为了保密，所有政府机关还停止会客三天。中外记者使尽浑身解数欲抢发消息而终无所获。

当时年方21岁的新闻记者邵飘萍决心孤身深入“虎穴”。他第一次驱车直闯国务院，结果被挡；第二次借来一辆挂有总统府车牌的汽车，果然长驱直入，他向段祺瑞的传达长递上名片，请求禀报，却被拒之门外。他当即掏出一沓儿钞票，取出其中的一半，递给传达长说：“段总理接见与否没有关系，只求禀一声。这一半钱你买茶叶喝；万一接见，另一半尽数归您。”传达长将钱往腰间一塞，入内禀报去了。一会儿，他举示名片，高喊一声：“请！”邵飘萍大摇大摆走进去。段祺瑞绝口不谈和战决定。邵飘萍七说八说，当面立下誓约：三天之内，如在北京走漏风声，愿受处分，并以全家生命财产作为担保。结果，段终于向邵披露了中国参加协约国（以英、法、俄为一方）对同盟国（以德、奥、意为一方）作战的决定，甚至连其中细节也吐露无遗。

邵得此大新闻，如获至宝，立即驱车直奔电报局，以密码传送至上海新、申两报，以特大新闻发表。数十万份“号外”，当即撒遍上海滩，热闹非凡。但当时津浦铁路尚未通车，京沪间交通甚为不便，五天后，“号外”才慢慢流入北京，段祺瑞才如梦初醒。但消息是从上海倒回的，段对邵飘萍无可奈何。

（选自《新编文史笔记丛书·新笔记大观》，萧乾主编，
上海书店出版社，1996年8月第1版）

邵飘萍采访新闻轶事

宋北风

1915年第一次世界大战爆发后，中国政府起初还是举棋不定的，有人主张参战，也有人主张中立。公说公有理婆说婆有理，闹得各执一词，莫衷一是。

经过一段时间的酝酿，终于在国务会议上作出了决定，那就是：决定参加协约国（英、美、法方面），对同盟国（德、意、奥方面）宣战。不过这项决定，还需要保守秘密。因此中枢各重要机关全部挂出了“停止会客三天”的牌子，国务院当然不会例外。可是大家都希望知道这项消息，街头巷尾，茶馆酒肆，三三两两交头接耳，都是在互相打听“咱们到底是参战还是中立”这个问题。然而谁也说不上来究竟怎么样。当时有位新闻记者，名邵飘萍，是位赫赫有名的人物。他不但自己办了一份《京报》，而且还兼任上海几家大报的驻京特派员。以采访新闻有独特的手段闻名。无论什么机密的消息，他都有办法打听出来。可是为了采访这条新闻，他却碰了不知多少次壁。他坐着自用汽车连国务院的大门都进不去。后来他终于想出了办法，借了辆挂着总统府牌子的汽车，坐上一直开进了国务院大门。在内传达室下了车，掏出了“京报社长”的名片：要求传达长给他回禀一下。传达长说：“您老不要难为我吧，这些日子不但段总理绝对不会客，就连他的秘书、侍从都不见客。”这时邵飘萍掏出了1000块钱，数出了500元递给了传达长，说：“总理见不见没关系，只要您给回禀一声，这500元送给您买包茶叶喝。万一要是接见了我，那我再送给您500，您看怎么样？”传达长一想，给他碰一碰也没什么，不是白得500元吗？于是这位传达长就拿着他的名片走进去了。

不多时，传达长笑吟吟地走出来了，高举着名片，嘴里大声说出一个“请”字来。邵飘萍听了这个“请”字喜出望外，便大摇大摆地随着传达长走进了总理的小客厅。

不是说三天内不见客吗？为什么段祺瑞竟接见了这位无孔不入的邵记者呢？这里面是有一个缘故的。段祺瑞当时心想拉拢舆论界为自己吹嘘，而他知道邵飘萍在当时是新闻界了不起的权威人士。当他看到来客的名片是邵飘萍时，他虽然明知此来是采访关于参战与中立的新闻来的，可是若不对他谈这个问题只会会他又有什么关系呢？再说使他碰了壁，得罪了这位大记者，对自己多少是有些不利的。因此他才叫传达长把邵记者请进来。

虽然老段绝口不谈和战问题，架不住邵记者再三、再四地恳求，并且提出了“三天内如果北京城走漏了这项机密，愿受泄露国家秘密的处分，并以全家生命财产作担保”的保证。老段不得不谈了，要他先立保证书，他便即时抽出自来水笔把军令状当场立下了。这时，老段才一五一十告诉了他。内容不过是中华民国决定参加协约国对同盟国宣战。细节也说了说，首先调动在法兰西的15万华工，协助协约国修筑工事等。

邵飘萍得了这项消息，辞别了老段，又给了传达长500元，就坐着汽车开到电报局去了。他把这项消息用密码拍到上海新、申两报。上海报馆接到这项重大新闻，立时就印行了几十万份“号外”在上海滩上喧嚷开了。

在当时津浦路还没有通车，报纸号外由上海到北京必须由轮船运，要走四天路。因之当上海的号外运到北京时，已经超过“三天内北京城里不得走漏消息”的约期了。老段知道了这件事，也是莫可奈何的。

从此，邵记者的大名，更为煊赫了。

（选自《文化史料》第4辑，中国人民政治协商会议全国委员会文史资料研究委员会编，文史资料出版社，1983年1月）

报坛英杰邵飘萍

在20年代的北京城里，说起《京报》社长邵飘萍，那真是人人佩服，个个称奇。冯玉祥将军赞誉他："飘萍一支笔，抵过十万军。"奉系军阀张作霖曾以30万大洋的巨款收买他，却遭到他断然拒绝，许多人都知道邵飘萍为了办报纸，牺牲了自己的性命，但要说他曾秘密加入中国共产党一事，则鲜为人知。

邵飘萍在北京自费创办《京报》是在1918年10月间，这张报纸一经问世，即以针砭时弊、揭露黑暗的显著特点令世人注目。邵飘萍刚肠疾恶，文笔犀利，充满了爱国主义激情，因而，也深深触到北洋军阀政府的痛处。1919年8月，反动当局下令封闭《京报》，并四处缉捕邵飘萍，他不得已只身东渡扶桑，亡命日本。

在异国他乡的一年间，邵飘萍为了寻找一条救国救民的道路，开始潜心研究马克思主义和刚刚胜利不久的苏俄革命经验，并将心得著成《综合研究各国社会思潮》和《新俄国之研究》两书。这两本书于1920年先后在国内出版发行，使邵飘萍成为最早传播马克思主义的中国人之一。

从日本回到北京后，他勇敢地站到反帝反封建斗争的第一线。在李大钊等人的帮助下，把《京报》办成北方最重要的革命舆论阵地。在军阀统治下，《京报》曾公开发行过《纪念马克思特刊》和《列宁特刊》，免费赠送读者，在古城引起很大轰动。邵飘萍在革命斗争中，由一个激进的爱国主义者转变为忠诚的共产主义战士。1925年春天，李大钊和罗章龙二人介绍邵飘萍加入中国共产党，旋经中共中央批准，他成为一名秘密党员。由于他的社会地位及影响，所以这一秘密身份从未公开暴露过，直到1926年4月26日被军阀杀害，也很少有人知道他入党这件事。

（选自《新编文史笔记丛书·新笔记大观》，萧乾主编，上海书店出版社，1996年8月第1版）

第三辑

赤诚丹心：铁肩担道义，辣手著文章

邵飘萍的赤诚丹心

郭　根[*] 遗稿　　郭汾阳　整理

一

邵飘萍一生及其《京报》之所为，邵夫人汤修慧《先夫子飘萍公行述》一文叙述颇详，兹由我摘录并略注一二如下：

“公姓邵氏，讳镜清，字飘萍，殁年四十有二岁，浙江金华人。父复堂公，夙儒也，鉴于国事之不可为，隐居乡井，率诸子及孙，躬耕垄亩，以乐暮年。母徐太夫人，工纺织，以俭德闻。昆仲五人，长早世、余皆农业……公行四，少好读书，年十四入泮，廿一入浙江之高等学校，（同窗有邵元冲、陈布雷等）向痛国人之蒙羞于满族，

* 郭根，系邵飘萍女婿。

（此浙之风气也。自明末余姚黄梨洲，清末杭州龚定庵，以迄民初吴兴陈英士、余姚章太炎、绍兴秋女士、徐锡麟、陶成章、蔡元培、周树人……皆以讲求民气知名。邵飘萍于地灵人杰之中，受此风熏养，油然而生种族大义矣）于校艺中辄为发挥，因之大受教员训诫。时即笃喜从事新闻事业，（浙人从事报业者也众，屈指如海宁杭辛斋之《汉民日报》、钱塘孙翼中之《杭州白话报》、汪康年之《时务报》、夏曾佑及定海王修植之《国闻报》、沈玄庐及邵力子之《民国日报》、陈布雷之《商报》《天铎报》等，可谓洋洋大观。邵飘萍果为一代报人，盖“天”“地”“人”种种因素萌发使然）先任上海某报（《申报》）通讯员。毕业归里，充中学校历史国文教授。浙江光复，莅杭，与杭辛斋先生组织《汉民日报》。议论锋发，（旋被推为全省报界公会干事长，并主编《浙江公报》）二年项城野心暴露，全国沸腾，舆论界群起攻之，而以公之论调为尤烈，遂以二次革命嫌疑下狱。（此第四次）……是腊买舟东渡，漫游扶桑，（入政法学校）兼任上海《时事新报》通讯。（于此时创办“东京通讯社”）三年冬，返沪，入主《时事新报》笔政。旋受《申报》聘，北上为该报驻京特派员，（继黄远生：“我国报社有确定之驻外特派员名义者，自此始。”）并于是时首创“新闻编译社”，为北京中国通信社之始祖。（戈公振《中国报学史》所谓“我国人自办之通讯社，起源于北京，即民国五年7月，邵镜清所创之‘新闻编译社’是也”。又叶之知《新闻知识入门》：“国人自办的通讯社，以民五邵飘萍在京创办的新闻编译社为最早。”又邵自谓：“向之政府阁议，关防严密无人过问者，至是乃打破之而每次皆有所议内容之记载，北京报纸，顿改旧观。”）《申报》期满解约，遂有《京报》之组织，则为民国七年10月也。八年安福秉政，监视言论，《京报》独力抨其罪恶，于是乎被封。公乃乔装走沪。旋受日本大阪朝日新闻社之聘，重游三岛。（徐彬彬曾讲过这段事：“安福系炙手可热时期，飘萍以严正之笔锋，日与官僚财蠹相周旋，威吓利诱不稍动。若辈计无所施，日夕寻瘢索疵于文字间。适有罗浮君著一小说讥讽朱某，大逢其怒，而逮捕封闭之狱以兴。飘翁亡命海外，遂膺《朝日》之聘，声誉益隆。”邵1914年、1919年两次东渡日本，对其一生颇有影响。他曾登门造谒孙中山先生，并与黄克强以及同乡陈英士、黄膺白、陈友仁诸党人相稔熟，与李大钊也是在此时所相识的，两人且以反对“二十一条”共获声名。传李与邵还帮助章行严办过《甲寅》。邵以后的同人，如张季鸾、潘公弼、胡霖、徐佛苏以及杨虎公等都是此时邵结交的。）及直皖战后，安福瓦解，乃乞假归国，《京报》得再出版。《京报》第一次出版时，以限于资力，故仅以短小精干著称于时，及第二次出版，乃大加扩充。（张季鸾且说：邵日本归来，“从前注重探访，嗣后则以全力与帝国主义者挑战，赤手空拳，大声疾呼”，可见邵游日之后，斗争精神弥坚弥勇矣。）复以公利用在朝日新闻社服务之余暇，肆力于新闻之学，并实地研求此日本新闻界大权威之组织运用等，《京报》一次复活时，辄出其心得，于可能范围之内，对于报馆内部之组织，编辑之方法，新闻之汇集，排印之体裁，无不尽量革新。故出版未久，俨与久握首都舆论界牛耳之二三报馆争雄竞长。公不特富于组织力，其个人治事之勤敏，察物之精审，机杼之灵活，议论之透彻，一时莫与之惊。《京报》日益发达，公声誉亦日隆。其时新闻事业，渐为社会所重视。京中各大学纷纷添设新闻一科。北京大学且有新闻学研究会之创设，请公按期出席演讲。（叶之知《新闻知识入门》云："民七国立北大学生设立新闻学研究会，这是中国报业教育的开始。"张西林《最新实验新闻学》则详述为："北大报学课程，为政治系四年级选修课之一，每周二小时。教授为徐宝璜。参考书指定为邵镜清《新闻学总论》等。"）稍后，平民大学、法政大学添设新闻学一门，延请公为讲师之意甚殷，公以其意不可却，且感于国内新闻人才之缺乏，乃勉允其请。并就前后在各校讲演之资料，加以补充整顿，编成《实际应用新闻学》及《新闻学总论》二书。（平民大学始创既有报学系编制，至1923年首届预科毕业，该系乃正式创立。邵所教授共三级学生，男105人、女8人，徐宝璜为系主任，邵及国闻通讯社社长吴天生等为教授，并发行《新闻学系级刊》。邵在北大、平大用讲义《实际应用新闻学》，在法政大学用《新闻学总论》，前者1923年出版，余曾撰文介绍，见《新闻研究资料》总第十辑。后者1924年出版，共十章四十节。）……《京报》言论既益为当世所重，而忌之者亦因是日增。盖《京报》初无党派，唯公以革命精神，如昔之办《汉民日报》者，日夜以人民幸福为己任，是是非非，毫不假借。对于废除不平等条约，打倒帝国主义，与中山总理之政纲，先后合揆，更复大声疾呼。于是官僚军阀，向之不满于革命党者，集矢乃在公之一身。中山总理既倡主义于粤，当时《京报》俨如北方革命党之无形之总代表，政府、军阀畏益甚，而谋害益亟。如十二年秋之诉讼案，十三春之无故逮捕，均其显著者也。公不以此而中慑，仍本其素志，号呼奋斗，以与群魔周旋。……民十三以后，北方之国民党中闻人志士，既莫不争读《京报》，公亦倾心结纳，一切方针，胥秉于党。及国民军退出北京，党人星散，公为保全此言论机关故，稍有布置，竟为万恶之军阀所伺，慷慨不辱，以及于难。

邵飘萍之死，后人评论甚多，但究其原因所在，愚以为不外行三：

（一）对广东国民政府之友好态度。邵夫人在《被难后追述之事实》一文中说："当年（孙）总理未北上时，北方革命工作大部分为石曾先生暗中主持，当时既首先与吾《京报》联络工作，随时报告于先总理。故先总理离粤北上，其第一张赠予北方新闻纸之相片，即为吾《京报》。（1928年6月京报复刊，邵夫人在第一版又大登此照片）此后，《京报》大力为国民政府宣传，（《京报》在1926年春间，曾以出号字表彰广东政府之政绩。邵还盛赞"广东国民政府之建设，已有巩固之基础，军事定后，财政之统一可期……所训练之军队，每到一处，即肃清土匪，安辑人民，使市商不惊，商旅安业，故师行所过，皆箪食壶浆以迎"。）于是，在社会上传出一种所谓"邵与苏俄宣传部门暗有联系""邵接受广东国民政府津贴"的舆论，（后汪兆铭曾在《京报》刊登启事，否认津贴一事）所以，"此项事实，据闻即为飘萍先生被难之最大原因也"。

（二）对郭松龄、冯玉祥两将军之支持。邵飘萍痛感以一文弱笔终不能与恶势力相战，遂常常留意政局变化，希望得以联合进步者，使文武结合而能奏大效。1925年第二次直奉战争爆发，郭松龄与冯玉祥成立密约，突然回师奉天，宣布倒戈。因为当时奉军主力大多寄于郭手，所以郭之反正对日本、对张作霖，威胁颇大，日、张遂决心消灭郭松龄。关于郭之倒戈，邵曾奔走其间：他先以激动郭之民族意识入手，要求“政府”免除张作霖之职，任命郭督办东省，并向日本提出正式交涉。郭松龄反正后，他欢呼“西北与东北国民军之合力打倒奉张一派素与国民福利不相容，为中国革新前途大障碍之横暴势力”。表示“虽不敢谓中国之政治即自是进于康衢大道，然至少可认为服从民意，警醒军阀，使中国发生一种新机运之有益的行为。本报此种判断，凡曾受奉派恶势力之蹂躏，且比较奉派与国军两方主义与纪律之孰为优劣者，固莫不欢呼而承认也”。（《日军阀之干涉中国内政》）对奉张则指斥为：“吾人所以反对张作霖者，固因其违反民意，妄肆野心，以武力逞威权，视战争如儿戏，独夫民贼，不应再听其专横……故虽拥有东省之富庶，而财政紊乱，胡匪猖獗，暴敛横征，社会破产，数次侵略关内之战，皆耗费数千万金，何莫非东省人民之所负担，充其舍近图远穷兵黩武之虚荣心理，东省民力，将无复得资休养之期，推翻张作霖，即为铲除整理地方之障碍。”继之邵在《京报》刊出张学良照片，上书“忠孝两难之张学良”，企图利用张与郭松龄私交之情，以攻心术争取张从态度暧昧进展为大义灭亲。他又以“红胡子军阀”称张作霖，以“东三省救主”称郭松龄，此等皆明快之宣传口号，郭兵不血刃而出关，邵实亦有一功矣。后至郭军失败，郭松龄夫妇被戮，邵又在《京报》揭露其失败原因，指出其要害在于日军之参战和张作霖完全接受关东军白川司令的援助条件（“二十一条”中蒙满地位的确定）。他在《日本暗助奉张之战功》一文中说：“日本阻止郭军之前进，各省严守中立态度，实际则使郭军中途淹留，奉张可以从容备战，致从九死一生中获得最后之胜利，故此次郭军之败，乃日本助张政策之成功，日本亦何爱于举张乎？简直言之，日本侵略尔省之成功而已。日本之外交，颇为敏捷而普避嫌疑，然今次竟不避嫌疑以补充守备名义而增兵东省，亦可知其大非得已矣”。由于邵连夕作文批评，“力言日本干涉露骨，且明言该国援张而死郭，玩张作霖于臣仆之列，此种言论，皆为彼等痛心疾首者，于是乎乃有必死飘萍之心矣”。（伯子：《飘萍被难之一因》）

1924年，冯玉祥将军提一旅之众入京，驻扎南苑。一次，冯邀请北京新闻界人士阅兵并谈话，席间，众人皆一口恭维。唯邵独具只眼，侃侃而谈，先直陈冯军弱点及其处境之不利，再力劝冯远离军阀争夺之旋涡北京，屯兵尚无帝国主义之净土西北，并加以开发，谓：“假以时日，必可使西北实业发达，物产丰富，调剂全国之人口，施以化兵为农工之大政策。”冯闻言惊服，当晚虚席与之密谈，邵复又建议冯赴苏俄考察，并与南方革命力量取得联系，把部队改编为国民革命军。冯听后动容，趋前紧执邵手，至为赞赏。后冯果有所行动。传冯曾延揽邵为其总参议，虽此事已不可证实，但邵与冯之关系，阅《京报》即可知一梗概。（《京报》除有《西北周刊》外，还辟有“西北消息”等栏，专介绍冯及冯军动态）此后，冯发动北京政变，京报亦多所赞相及言谏。邵夫人曾有文披露，她说："当冯焕章同志未班师驱曹之前，本报但以改良社会为目标，及国民军兴，本报实为党人与军人同志唯一之喉舌。""三一八"后，邵又撰文揭穿段政府将开枪罪名嫁祸于国民军之阴谋，最后则在死前之绝笔——"飘萍启事"上，又毫不隐讳地承认其"罪名"之一即"不该人云亦云承认国民第一军纪律不错"，表示其"赞成国民军者，只在纪律一点，即枪毙亦不否认，故该军退出去以后，尚发表一篇欢送之文"。七年后，邵夫人曾在泰山谒见冯将军，冯提到此事时说："飘萍与我是革命同志，他是为了'三一八'而牺牲的，也是为了我，我也是为了'三一八'而退让，也是为了革命。我们都是'三一八'的牺牲者。"

（三）对"三一八"之态度。1926年3月18日，北京各界数千群众在天安门举行反帝示威大会，并至铁狮子胡同段执政门前请愿。这是继"二七""五卅"之后，中共领导的又一次反帝反封建的革命运动，不幸突遭段卫队枪杀镇压，形成惨绝人寰之血案，北方人民革命运动遂步入低潮。事件翌日，邵飘萍急撰两文在《京报》发表，一为《不要得意，不要大意》，一为《举国同声痛哭，列强一致赞成》。当时京报之勇敢无畏，直使人为之震惊，而推其主将，乃鲁迅与邵飘萍二人：

"中华民国十五年3月18日，段祺瑞政府传卫兵用步枪大刀在国务院门前包围虐杀徒手请愿、意在援助外交之青年男女，至数百人之多，还要下令，诬之曰暴徒！如此残虐险狠的行动，不但在禽兽中所

未曾见，便是在人类中也极少有的，除却俄皇尼古拉二世传哥萨克兵击杀民众的事，仅有一点相像。”（鲁迅）

“前日之夕，凯歌齐奏，列队游行，谓已战胜徒手青年，子弹无一虚发，尸横满院，伤者尤充塞街衢，有漏网者，随之以通缉令。武力统一北京之政策，予以达到，列强多年所希望之强有力的政府自此完成。猗欤盛哉！此诚中华民国之新纪元，段祺瑞半生学佛之大善果也。……世界各国无论如何专横暴虐之君主，从未闻有对徒手民众之请愿外交而开枪死伤数十百人者！”（邵飘萍）

“墨写的谎言，决掩不住血写的事实，血债必须用同物偿还，拖欠得愈久，就要付更大的利息！”（鲁迅）

“此项账目，必有结算之一日。”（邵飘萍）

“但我却恳切希望，请愿的事，从此可以停止了——为中国计，觉悟的青年应该不肯轻死了罢。”（鲁迅）

“民众方面，本报劝其不必再为与虎谋皮之愚举……政治中之真相，有非徒恃理论与热心所能达到者。”（邵飘萍）

4月15日，冯军退出北京，奉军汹汹而入，随即“扑灭四种报章”，“逼死两种副刊”，妨害三种期刊（鲁迅：《大衍发微》）其中就有《京报》《京副》以及《莽原》，更早在3月26日，段政府发表48人之通缉令，除李大钊、鲁迅、邵飘萍外，郭春涛、刘清扬、孙伏园、陈垣、马叙伦、林语堂、徐宝璜、陈友仁、陈启修、徐谦、许季茀、吴敬恒等皆网罗其中。（《京报》4月4日评论此名单：“姓名上尚有圈点等符号，其意不明。……除徐、李等五人名上各有三圈，吴稚晖虽列名第三，而仅一点。”鲁迅文章中也谈道：“于是就有人推测，以为吴老先生之所以仅有一点，因章士钊还想引以为重，以及别的原因云。”另吴2日给邵一信，内称：“赤化就是所谓共产，这实在是二百年以后的事，犹之乎还有比他更进步的，叫作无政府，他更是三千年以后的事。”鲁迅在《答有恒先生》一文中曾给予讥讽。）遂后捕走《京报》编辑潘公弼，邵飘萍于是避入东交民巷六国饭店。奉鲁军阀搜寻不得，乃贿买邵的一个友人张翰举，令其往使馆区觅见邵飘萍，诡称奉张深惧国际间干涉，并不敢妄加害于邵，且力言只要改变作风，《京报》仍可出刊，于是将邵诱出，终于达到逮捕之阴谋目的。翌日，北京各界代表请求开释邵，张宗昌、张学良、王琦等虚与委蛇，而邵此时自知已难容于彼，他在一封信中说：“弟今日处境甚危，段氏方面，弟因其枪杀无辜学生，已与之大决裂。”4月26日晨，邵由北洋军政执法长王琦押赴天桥东刑场，“未受法律下之公开审判”，而以“接受津贴”“谋叛”“勾结赤俄”“宣传赤化”诸项罪名处死矣。（邵殉难不在24日。我少时在师大附中读书，现仍有彼时日记：“周事——齐燮元招待新闻记者。京报馆主笔邵镜清昨早被联军枪决。四、二十七，礼拜二。”张翰举出卖邵后径往张宗昌住宅邀功领赏，不料被彼一脚踢出门外。数年后，北京某一深夜，铁狮子胡同梅兰芳私宅被土匪抢入绑票，及至警察来干预，一时枪声大作，院内及屋顶乱作一团，忽见一人从房顶翻滚而下，顿时饮弹身亡，此即卖友求金反被军阀所戏之张翰举。）

邵飘萍之死，有人这么说：“自从民国成立以来，北京新闻界虽备受反动军阀的残酷压迫，但新闻记者公开被处死刑，这是第一次。”（陶菊隐：《北洋军阀统治时期史话》第8册）邵死后未几，林白水也遭枪杀，当时报上题为“萍水相逢百日间”。《世界日报》成舍我也因诋毁当道被张宗昌所执，幸其与孙宝琦子为谱牒弟兄而得保释放。邵之死，沈尹默评曰：“民国以来，以言论贾祸身歼而名彰，盖未有如君之烈者也。”（《吊飘萍君》）

二

1928年6月12日，邵夫人汤修慧独力将《京报》“复活”，她在《京报二次复活宣言》上说：“呜呼！飘萍先生之丧，于今二十又六月矣……飘萍先生，自始至终，抱猛烈之革新思想，以种种态度及手段，与帝国主义奋斗者也，与凶狠之军阀奋斗者也，与卑劣之旧官僚奋斗者也，与恶浊之旧社会奋斗者也。以如斯之恶劣环境，飘萍先生，只恃一支秃笔，转战数十年，不幸最后竟厄于其中最凶残之敌人，以丧其躯壳，此诚为世界史上革新家之例案，即为社会上最可惨之事。然而飘萍先生，竟含笑从容就义者，以彼盖早知若干月之后，必有大奏凯歌之一日。”当日《京报》还辟出一条启事，为“征求可恨的事实，受过奉直鲁的坏军人陷害者注意”，其中说：“张宗昌潘复的走狗，张作霖的宪兵司令王琦，便是杀害飘萍先生的刽子手……本报现在要向北京城内外居民征求奉直鲁和王琦、单毓龙等栽赃勒索陷害无辜商民的经过事实……当代为登载……以供社会的评判，求得法律上的调查与制裁。”7月，冯玉祥在北京对新闻界发表演说，盛赞邵飘萍“主持《京报》握一支毛锥，与拥有几十万支枪支之军阀搏斗，卓绝奋勇，只知有真理、有是非，而不知其他，不屈于最凶残的军阀之刀剑枪炮，其大无畏之精神，安得不令全社会人士敬服？”这年8月，郭春涛、徐宝璜、成舍我、孟宪章、胡政之、张恨水、金诚夫、张季鸾、黄天鹏等八十人为邵飘萍及林白水两人开追悼会，在《京报》刊出“通启”，称：“当军阀盘踞之秋，正瓦釜雷鸣之日，而邵、朴两先生独持正论，竟以身殉，人尽呼冤，世间惋惜……”但“政府”方面却无表示。直到“七七”事变，国共达成第二次合作，才有若干人之动议，其时“国民政府”也准备训令“褒扬”邵，但未几便有某些“要员”出面干涉，力主邵非国民党党员，且其生前言论亦未尽合“党义”，与苏俄中共亦有脱不尽之干系，于是将此案束之高阁。后邵夫人不服，将全部京报合订本携往南京欲与之理辩，然彼时“国都”已岌岌可危，未遑议及已各作“孔雀西南飞”，邵飘萍之遗骸则长期浮厝于北平城南荒寺中，听凭风雨之销蚀。

三

邵死后，一帮群小叽叽喳喳，多所秽言。记得“大炮”龚德柏（亦留日生）曾在《新闻天地》上大做文章，颠倒黑白，谓“邵之罪，名系宣传赤化，为后来不明真相者对邵同情之所由来，而奉天军阀真是奴才，太捧邵飘萍了”。邵果为奉天军阀之枉杀，果为后人之虚同情乎？

邵之事迹，已有多文介绍，今仅举几例突出者：

（一）五四运动之鼓动者。北大“新闻学研究会”和“国民杂志社”是“五四”前夕很富有进步精神的两个团体，它的成员如毛泽东、高君宇、罗章龙、张国焘等后来都是各地五四运动的风云人物。不久又组织参加了北京“共产党小组”“马克思学说研究会”以及党的“一大”“劳动组合书记部”“非宗教大同盟”“民权运动大同盟”等革命团体。邵是“新闻研究会”的导师，（亦是开创者，曾“四致书以促其成”）又是“国民杂志社”的顾问和主要支持人。1918年10月20日，“国民杂志社”宣告成立，社外的积极支持者——邵与蔡元培出席祝贺，邵在“演说辞”中说：“吾国今日所最缺者为国民之学术思想，国民对学术上无所表示。在日本东京等处，杂志甚多，小道如奕，亦且研究甚详，而国民互相传其心理、法至善也。今既有杂志之组织，甚望能导国民于学术之途。惟开办伊始，于永久维持不可不有所顾虑。如为鄙人能力所及者，当竭力相助。”后来，他在致该社记者的信中，进一步表示扶持这一社团的原因和决心：“……弟平时在言论界之所主张，每以为欲救中国，其根本在国民之自觉。国民自觉，则无赖、军人、下等政客，凡是为国家进步障碍者，自然归于淘汰。盖世界各国断无有国民毫无能力而国家有振兴之希望者。此种议论，弟在京沪报纸评论、通讯栏内，遇有机会辄发表其大略。今后仍抱定此旨，以尽提倡之责，纵为权贵官僚所不喜，职务所在，不敢辞也。贵社创刊杂志所注意之四大端（即‘国民杂志社’的宗旨：‘增进国民人格；灌输国民常识；研究学术；提倡国货。’）正合鄙怀，至深钦仰。所望认定宗旨，始终不移，需助之处，惟力是视。”也正是在李大钊、蔡元培、邵飘萍等社会有力人物的支持下，《国民》遂能展示出它公开谈论政治的特点，从而对“五四”的准备和发动起了促进作用。所以，邵对当时年轻的革命者们起了很大影响。不仅如此，邵还是五四运动的发难人之一。1919年5月3日，邵在北大法科礼堂大会上慷慨陈词，首先报告“巴黎和会”中国失败经过及原因，继之呼吁青年：现在民族危机系于一发，北大是全国最高学府，应当挺身而出，把各校同学发动起来，奋起抗争。邵发言后，高君宇等相继登台致辞，声泪俱下，表示非“直接行动”不可，一时间青年学生热血沸腾，以至有断指血书者。“五四”爆发后，邵主持《京报》抨击“政府”卖国与镇压学生，终被当局所缉捕，而《京报》亦被封。另外，“五四”发动期间也是新文化运动方兴未艾，呈现一派思想解放的气象之时，各种社会问题在报章上竞相展示，邵对此颇为敏感，积极参加探讨和辩论，如《妇女杂志》所刊之《避妊问题之研究》（今选入全国妇联妇女运动历史研究室编辑的《五四时期妇女问题文选》），《东方杂志》所刊之《教育与社会及政治》等文。

（二）北方革命之积极活动者。邵与李大钊过从颇久，自日本结识起已有文字之交。李曾引用明杨继盛诗句为章行严、吴弱男夫妇题款，“铁肩担道义，妙手著文章”，邵亦以“铁肩辣手”四字赠同人，可见两人战斗精神之一致。邵和毛泽东、高君宇、罗章龙等亦有联系。（罗章龙在《新闻研究资料》1980年第4期及《文史资料选辑》第61辑上论及颇详，可为参考。罗说邵为中共党员，《河北文史资料选辑李大钊年谱》中则说邵是未暴露身份的共青团员，这些情况希望有关方面调查清楚。）正因为如此，邵之《京报》十分倾向于革命和进步，如介绍中共机关刊物《向导》和《政治生活》；重视劳工运动和苏联的宣传，突出报道“二七”“五四”以及“三一八”；免费刊登国货广告；延揽中共及进步人士办副刊等。而邵本人则是北京中国济难会的董事。（中国济难会于1925年末由中共在沪成立，1929年12月改称为中国革命互济会。济难会北京市总会于1925年12月13日成立，其任务“是在救济一切为解放运动的战士，反对帝国主义或反动军阀的残酷、恐怖的行为”。总会成立之始就发布了声援沪、汉被捕学生的宣言。参加人有王一飞、刘清扬、于右任、陈启修、路友于、肖子升、顾孟余等）。

1923年7月，中共发表《第二次对时局主张》，首先提出召开国民会议以反对军阀政权的号召。冯玉祥北京政变成功后，邀孙中山先生北上主持大局，中共又一次号召召开国民会议，制定宪法和建立民主共和国，于是形成浩大的国民会议运动。而彼时在朝之段执政，为了抵制国民会议的召开，竟于1925年2月召开所谓“善后会议”，企图与国民会议相颉颃。《京报》反对段祺瑞是旗帜鲜明的，邵飘萍曾撰文以猛刺：“‘武力统一’也，‘战而不宣’也，种种活剧，闹得中华四分五裂，杀人盈野，血流成河，寡人之妻，孤人之子，焚烧抢掠，全国无一片净土。然而强有力之政府终不可得，惟滥费数万万元之外债，捐得一亲日派之头衔。段祺瑞以围棋、佛自娱，徜徉天津租界，亦已垂垂老矣。不料富贵逼人，资望为祟，武夫拥戴，授以屠刀，于是有所谓临时执政之一幕。”当时胡适参加“善后会议”，（《京报》1月14日载胡适给许世英一信，称：“我这回对于善后会议，虽然有许多怀疑之处，却也愿意试他一试。”）邵曾写信给胡，说：“青年界对你颇有意见，《京报》当然慎重发表此类稿件。”邵还说：“微闻当局对弟极为不满，此固意中，亦无可惧，并自信对‘当局’之抨击是毫无偏见或感情之作用的。”（胡回信恬然答道：“平生不学时髦，不能跟人乱谈乱跑，尤不能谄事青年人，所以常遭人骂，但八年的挨骂已使我成了一个不怕骂的人，有时见人骂我，反使我感觉我还保留了一点招骂的骨气在自己人格里，还不称老朽。”）

（三）马克思主义和十月革命之宣传者。邵平生著述计有《实际应用新闻学》《新闻学总论》《新闻编辑法广告及发行》《实用一家经济法》《新俄国之研究》《综合研究各国社会思潮》及《失业者问题》，其中《新俄国之研究》和《综合研究各国社会思潮》是他1919年到1920年在日本写的，前者已有文介绍，该书和《失业者问题》是毛主席主办的湖南文化书社销书目录中的两本，在韶山毛主席故居和上海“一大”纪念馆均有陈列，后者我亦介绍过。最近，中央负责同志指出：“五四”时期的“思想解放运动和马列主义在中国的传播，以及马克思主义同资产阶级自由主义和小资产阶级无政府主义作斗争的材料，必须高度重视。”（廖盖隆报告）所以我认为有必要再介绍一下《综合研究各国社会思潮》（简称《综》）。

《综》由蔡元培题签，1920年4月商务印书馆出版，（后再版多次）其材料“系编者初到日本两月以来读书之记录”，其目次为：

总论　社会问题之意义及由来

上编　社会主义之概念与历史

第一章　社会主义之语源

第二章　社会主义之定义

第三章　社会主义理想上之差别

　　第一节　社会主义之四种思想

　　第二节　共产与集产及集产主义之消费机关

　　第三节　社会主义制度之二主潮与共产集产之区别

　　第四节　共产制与集产制之各分两派

第四章　社会主义史之前期

　　第一节　社会主义之起源

　　第二节　希腊时代之社会主义

　　第三节　中世期之社会主义

　　第四节　法国革命前之社会主义

第五章　社会主义史之后期

　　第一节　法国革命时代之社会主义

第二节　英国社会主义之发达

第三节　法国社会主义之发达

第四节　德国社会主义之发达

下编　社会主义系统之分类

第一章　国家社会主义

第一节　国家社会主义之起源

第二节　国家社会主义之真伪

第二章　马克思社会主义

第一节　马克思主义之特色

第二节　马克思之唯物史观

第三节　马克思之剩余价值说

第三章　马克思主义之改造

第一节　马克思主义改造之由来

第二节　修正派社会主义（附法律的社会主义）

第三节　散狄克里思姆（即工团主义）

第四章　无权力主义（即无政府主义）

第一节　无权力主义之语源及由来

第二节　个人的与社会的无权力主义

第三节　朴罗东与巴古宁

第四节　克鲁泡特金

第五章　希文萨维思姆（即希尔什维主义）

第一节　希尔萨维克主语源与主义

第二节　希尔萨维克之握政权

第三节　希尔萨维政治之特色

第四节　希尔萨维之教育方针

第六章　基尔特社会主义

第一节　基尔特社会主义之组织之机能

第二节　基尔特社会主义与他种主义关系

第三节　基尔特社会主义与国家

《综》开宗明义即指出："世界无论何国，均由政治组织、社会组织种种偏狭缺陷之结果，而发生最危险最急切之所谓社会问题。"编写此书之目的即在提供解决社会问题的各种"世界新学说"。其中之社会主义，乃是各国学者"纷纷"考其得失，衡以国情，欲求所以解决之良法的一种，而"陈腐不学之人闻之，每武断力悉数破坏与危险之思想，因辄奔避不遑，不敢略窥其堂奥"。邵进而言道："然自数世纪以来，至于今日其支配世界之能力，竟日见其显著，是其中必有不可磨灭之真理存焉。"又说："社会主义，因马克思研究进步之结果，不局踏于空想领域之中，俨然建设城堡于科学之上，既以学理昌明，其主义复继之以实行运动，故马克思不仅为近世社会主义之鼻祖，其学说之影响，实为人类生活史开一新纪元者也。"

关于社会主义之定义，邵认为："社会主义云者，以增进社会全体之自由幸福为目的，权利义务悉为平等，其有重要之生产机关，且公平分配生活及享乐之资料，使社会之一员不能对于他之一员有所掠夺。”邵在书中还利用恩格斯的“所谓社会主义之要旨”：“握生产要件于社会之手，商品生产全废，由是生产者被压于生产物之事日废，遏止社会的生产之无政府状态，确乎以有秩序之组织起而代之，人间个人之生存竞争消灭，凡从来围绕人间，支配人间之一切事情境遇，今使悉处于人间所支配之下，于是人间始得为社会组织之主人，始得为真正‘自然’之领主，自必然之王国，至于自由之王国，是为人间之向上。”

在介绍马克思和恩格斯时，邵说：“彼两人之著书对于现在之社会经济状态，下深刻之批评，明示社会发达之倾向，社会主义之社会有必然可以实现之趋势，而说明其理路。其唯物史观说与剩余价值说，成为近世社会主义运动之中心色彩。”唯物史观，邵推列其要点为：“1.纳一切现象于物质的运动，精神界之现象亦物质的运动之反映。2.事实生思想，而否定思想生事实之解释，故人间的意识因社会的现象而决定，社会现象不因人间意识而决定。3.在物质生活上之生产方法决定一般社会的、政治的及精神的生活之程度。4.一定之原因发为必然之结果，与以自然科学的立证。5.以此法则可依过去而知未来。”至于剩余价值说：邵认为“今日资本家之富，皆从劳动者之剩余价值中榨取而得，非但学说上放一异彩，直授劳动阶级实际运动上以一极有力之根据，与其唯物史观同为造成科学的社会主义之二大要素”。以下于“何谓价值”“劳动力与价值”“劳动力为商品与资本主义”“剩余价值与剩余劳动”等节中评述其观点。

从以上马克思主义基本观点，邵推说：“马克思之思想，所以异于空想的社会主义而成为科学的社会主义之特征，即彼不从事于描写已所希望理想的社会之动向，而明示确实如斯之预言为科学的解释，不关于希望与否，惟推究而得必然的社会主义之组织。换言之，彼之社会主义非希望沦而为运命论也，昔之空想的社会主义实现之要件，此两者划然之界线。”正因如此，所以，“依马克思之说，则社会主义之种子即胚胎干现在资本主义经济组织之中，资本主义必然至于社会主义为不可避之径路，因科学文明之发达，而生产机关变化，即社会主义之要素，随资本主义而发育，其当然之结果则资本主义必倒而社会主义代兴，是皆进化于必然的运命之下。”

关于社会主义对工人运动之作用，邵说：“马克思科学的研究之结果，授劳动者以必胜之券。劳动者乃益坚其自信之心，此马克思主义之所以支配当时劳动运动之全精神、劳动者之思想感情与夫一切之人生观。”马克思之学说：“不但学理上别开一新生面，在实际上善投劳动阶级以一极强大之武器。”

关于希尔什维克，邵认为：“其政治之唯一特色在实现彼研究主张排斥一切阶级而用劳动阶级独裁政治之手段，即彼所谓社会主义之先行条件。”“其思想之特征有曰：其一曰中央集权；其二曰政治的直接行动；其三曰共产主义的社会主义；其四曰国际主义。”

邵非常重视社会主义苏联的报道，（《京报》除“苏俄消息”栏外，常刊专文、长文介绍彼国情况）自己也常发表文章介绍苏联的政治、经济、文化、教育等。1920年5月25日，邵在《东方杂志》上发表《俄国新政府之过去现在未来》，即其在大阪所书《各国社会学说纲要》中“关于俄事之一章”的节录。文中叙述“希尔萨维克”发生之远因、产生之经过、其主张与手段以及劳农政府经过和政治特点、施政成绩等，其内容与其《新俄国之研究》相似，唯以下两点值得注意。

阐发对俄政策。邵说：“一年以前，愚在北京曾发表《对俄外交政策》一文，载诸京沪各报”，其中所主张乃是：1.取消一切前俄与我国所订之条约。2.以私人资格待遇前俄驻华外交人员。（驻京前俄大使闻之，言“邵某因何很反对我”）。新文又进一步强调：“一、仍应速宣布取消中俄间一切旧有条约”；“二、完全撤退驻于俄境之兵充实中俄边界”；“三、取消中俄旧有一切条约所生之结果”，并“速整顿清理立与新俄国订约之方案”。

驳斥“过激思想”论。邵有感于我国言论“盲从日人故意曲解所加‘过激思想’之名词，发为神经过敏之愚论”，指出：所谓“过激思想”，乃是“俄国特有之产物”，“换言之，俄国历代专制恶毒政治与战后饥馑人民流离失所之产物”。要求当局“不可多发表禁止所谓过激思想之文章”，“不可妄指国内青年为有过激思想”，而所谓“预防过激思想”之良方，乃是“于社会政策上施根本之救济”，“因为没有饭吃，所以过激，预防过激思想莫饭若也”。

此外，我手头有邵的一本剪报，是他和吉人合写的连载《俄国大革命史》，叙述俄国二月革命经过，文中说：“二月革命成功之后，未几又有列宁等之革命，由改革政治达于改革社会之境域，实经过百有余年，恶战苦斗，再接再厉，历史上国民要求自由之运动虽多，然未有如俄国之鲜血淋漓，啾啾鬼哭历尽人间之艰苦，盖因俄国专制政治之根深蒂固，世界上亦几莫与伦比故也。”而专制政治即“所谓压迫之势力，以严刑临民之势力，以武力灭正义之势力，排除知识阶级之横暴势力也”。于是有反抗专制政治之革命，其“如喷火之山，虽一时填塞其出口，而猛烈之火常炽伏于地下，终有爆发之时”。

四

邵飘萍是一个具有高度热情而倜傥不羁的人物，也可以说具备了才子或文人的一切特质，他慷慨豪爽，任性挥霍（“自奉虽奢，而遇人焉亦极厚”），自然亦被众人所议，其实这只是那一时代一个报人要维持自己阵地的一个手段。他重然诺，广交游（“居京师久，凡达官贵人无不相习，而皆狎视鄙夷之”），因为他所结识的皆要人幕府的智囊人物，所以常能获得独家和机密的新闻。他行为不拘，什么赌场、妓院，只要他认为有探访新闻的可能辄必去。他酷嗜读书，卷不释手，且喜摩挲古院字画，能写一手洒脱的墨字（如“京报”两字）。他风度翩翩，温存多情，喜观剧，（北京许多伶人尊其为义父）而于座中暗暗拟定腹稿，他擅诗文，所谓“文采斐然，才气焕发”。他是南社的成员，与宋教仁、郁华、杨玲等皆是南社中的英勇之士。（南社浙人尚有马叙伦、经亨颐、黄宾虹、邵元冲、陈英士、沈钧儒、沈尹默、邵力子等）不过，邵之为人称道，还在他的办报。

他办报有以下几个特色：

一是尖锐犀利的战斗精神。沈尹默说邵："每为文抨击当道，刻深峭利，无论何人，皆畏其笔锋，受者切齿，读者快意，卒以此遭不测。"《京报》自创刊到被扼杀，凡社论、评论多出邵一人手笔，潘公弼为邵之同人，他说："政海诡谲，域内沸腾，身处北都，彻底之政论自力环境所不许。然较善较恶之主，不能无辨。飘萍于恶者不稍假借，于是侧目而视，欲得而甘心者，不知凡几。"

二是卓绝的采访技术。邵采访技能堪为神出鬼没而不乏福尔摩斯式之表现者，既神秘又迅速。（凡政治要闻，均由一人半夜发出）他嗅觉灵敏，腿勤手快，"与任何枢要均能契合"，且得心应手于各类场合。张季鸾曾言"飘萍每遇内政外文之人事，感觉必早，而探访要工。北京大官，本恶见新闻记者，飘萍独能使之不得不见，且见不得不谈，旁敲侧击，数语已得要领，其有干时忌者，或婉曲披露，或直言攻讦，官僚无如之何也"，难怪胡政之称邵之采访术为"空前绝后"。

三是报纸的生动活泼。《京报》有自己的排字房、印刷所和送报车队（自行车），它的版面也很活泼，（所谓"燃犀铸鼎，绘影绘声，而于通讯之标题，尤极活泼显豁之能事"。）第一版为广告，第二版分评论、特别记载、国内外要闻诸栏，第三版为要闻、各省新闻、木京新闻、内外琐闻、显微镜（小小报）等，第四版广告。其初，《京报》附刊有《小京报》，刊载一些剧评、文艺掌故、小说游记等文字，《京报》"复活"后，邵"以为多种附刊轮替发行，周而复始，既不患单调，又不致凌乱，于学艺之专研，报章之体例均为有益”。于是先创《青年之友》，此后更大力扩充，到1924年秋天，“与北京国立、私立各大学团体为破天荒之大合作”，在原有新闻两大张基础上新增十种附刊：京报副刊（孙伏园主编，日刊）。

《戏剧周刊》（凌霄汉阁主人——徐凌霄主编）、《民众文艺周刊》（胡也频、荆有麟等主编，鲁迅校阅）、《妇女周刊》（北京国立女子师大蔷薇社编辑）、《儿童周刊》（儿童报社编辑）、《图画周刊》（中华美术品商行图画世界社编辑）、《文学周刊》（绿波社、星星文学社合编）、《电影周刊》（刘步莹等主编）、《经济半月刊》（北大经济学会编辑）、《社会科学半月刊》（北大爱知学会编辑）。

七种周刊每日循环出版，此外，随时还有《临时增刊》，如《科学与宗教半月刊》（北京非基督教大同盟主办），《海外呼声》（有子升等主编），《国语周刊》（黎锦熙、钱玄同等主编）等，而《莽原》（鲁迅、狂飙社、未名社编辑）则从1925年4月起以周刊形式附于京报发行。（后分出为半月刊独立发行）这样《京报》乃成为“自来附刊未有若是之盛者”，成为新闻、杂志相结合的一张“北方最大规模，革新进步之日报”，此皆邵飘萍之心血也。

1981年

回忆北京大学马克思学说研究会

罗章龙

我是1918年暑假的时候，跟毛主席和新民学会的一些会员，一路共20多人，从湖南来到北京的。

这年9月，我进北大预科德文班学习。当时的北大校长系蔡元培先生。蔡先生是浙江绍兴人，他虽是前清的翰林出身，但却是一个有开明思想的学者和教育家，他曾两次到欧洲留学，在国内很有声望，有很高的学术地位。他当时认为大学的教育是个根本问题。因此，他到北京大学以后，就力图把北大从旧式的学校办成一所新式的学校，他主张兼容并包，聘请各方面的有名望的人物来当教授，然而，在这些人中，还是以一些当时认为有进步思想的学者为主，如请陈独秀担任文科学长（即文学院院长），李大钊任经济学教授兼图书馆主任，胡适、钱玄同、刘半农等都请来当教授。蔡先生的这些主张和做法，对于在北大形成一种活跃的学术空气，把一些进步的学者云集北大，成为一种文化上的新的力量，无疑是起了很大的进步作用的。

五四运动前夕的中国社会状况可以概括为一句话，这就是“山雨欲来风满楼”。这种动荡的社会局势反映在北京大学，便是激烈的新旧思想斗争的展开，这种斗争随着1918—1919年的政治变动和外交吃紧，也就一天比一天扩大，一天比一天活跃。它的具体表现之一便是各种社团如雨后春笋般地涌现出来。这些社团在当时还主要是学术性质的团体，其中哲学、新闻、进德三个学会，是以学校名义组织，由蔡元培先生领导的。除了这种“官方”的以外，在当时也有一些“私人”的团体，较重要的如国民杂志社、新潮社、平民教育讲演团、少年中国学会、辅仁社（简称辅社）等。

毛主席曾积极参加了当时北大的一些学会的活动。李大钊先生和其他一些进步教授也经常参加一些学会的活动。

杨怀中先生参加了哲学会，可以说他也是意识形态的启蒙者。

当时陈独秀任文学院院长，主办《新青年》。李大钊先生在《新青年》杂志上写了很多宣传马列主义的文章，如1928年11月15日在《新青年》上发表的“庶民的胜利”“布尔什维主义的胜利”等，在当时的影响是很大的。

1918年9月我入学以后，也参加过学校一般的学术活动，这些学术上的活动与后来的五四运动有间接关系，而没有直接的关系。

但是，上述种种学会的组织及其活跃的学术活动，对于原是封建礼教、孔孟思想等的集中地——落后的北大说来，不能不就是一种冲击，是一种革新。

上述种种学会的负责人，在当年都是比较开明、进步的。这些学会中的不少成员，后来参加了党或团的组织。

哲学会的领导人是蔡元培先生自己。蔡先生刚到北大时，还组织过进德会，提倡不做官、不纳妾、不赌不嫖，想把北大腐败的风气革掉。为了提倡新生活，一个进步职员李辛白办了一个杂志，名叫《新生活周刊》（按：这个刊物是在五四后出版的）。

新闻学会的领导人是邵镜清，又名邵飘萍，浙江东阳人。邵为了宣传赤化，1926年4月26日被奉系军阀枪杀了。他是北方新闻界最早和地下党组织有联系的人，后来成为中国共产党党员。当时新闻学会有会员50余人，毛主席、谭平山（大革命失败后脱党）、陈公博（很早即脱党，成为汪精卫派的骨干，抗日战争时当了大汉奸）、高尚德和我都曾参加过这个组织，这些人后来大多成为共产党员，从这也可说明新闻学会的作用。

（略）

邵飘萍与共产党

——访罗章龙教授

旭　文

甲子岁末，笔者一行四人赴京，拜访了革命老人罗章龙教授。照面就说："欢迎，欢迎你们几位！邵飘萍、金佛庄我们是旧友。你们东阳是人文荟萃的地方。"罗老慈祥的笑容，平易近人的作风，使我们原是紧绷着的心弦一下就松开了。

罗老早在1978年9月《回忆五四运动和北京大学马克思学说研究会》一文中就曾写道："新闻学会的领导人是邵飘萍，原名邵镜清，浙江东阳人。他是北方新闻界最早和地下党组织有联系的，后来成为共产党员。"所以坐定之后，我们就开门见山，请罗老谈谈邵飘萍同志与共产党的问题。

罗老略加思索就爽直地说："邵飘萍同志，我很早就认识。1918

年冬，北大成立新闻学会，与邵飘萍是初识。不久，就发生'五四运动'，1921年党开辟了北方区的工作。有的是宣传革命思想，马列主义；有的参加组织工人运动。宣传马列主义，那时我们组织了一个'亢慕义斋'（取西文Communism的译音），是学习共产主义的地方。这件事，邵飘萍是公开或半公开地支持我们的。这里有道义上的支持，也有物质、技术上的支持。如我们出版刊物，印刷文献，《京报》的昭明印刷厂就给我们很多方便。邵飘萍的日文很好。'亢慕义斋'设有日文翻译组，他就帮助我们校订马列的译著。"

我们静听、速记着罗老深沉的回顾。他说："我们进行革命运动，如当年以北大为基础组织的民权运动大同盟，邵飘萍主办的《京报》，就报道我们斗争的消息，给过我们很大的帮助。1923年的'二七'罢工，是我党领导的一次大罢工，斗争中遇到了很大的阻力和北洋军阀政府的镇压。这时邵飘萍不仅在舆论上予罢工斗争以很大的支持，而且在暗中帮助我们出版文虎编著的《京汉工人流血记》。在震惊中外的陇海、唐山、开滦煤矿大罢工时，邵飘萍也帮过我们的忙。苏联十月革命以后，当苏联的对外政策传来时，我们党是率先响应的。对这件事，邵飘萍的《京报》是公开支持的。他旗帜鲜明，伸张正义。还以个人的名义在中山公园设宴招待苏联首任驻华大使加拉罕。"

我们的访问在历史的回顾中进行。罗老尽管年事已高，但思路敏捷，有条理。呷了一口茶后继续说："在新闻学会里，飘萍是导师。参加新闻学会的北大同学，有我、毛泽东、谭平山、高尚德等，他们后来都先后加入共产党，他为党培养了一批中国早期的新闻记者，办报的人才。北大同学原先都没有什么新闻素养。但在新闻学会里经过一段时间的学习之后，也就能主办刊物了。我党早先的《工人周刊》，《京报》就曾给予很多帮助。后来党创办了《向导》，这个刊物也直接、间接地培养了一些新闻人才。当时邵飘萍的口号就是要培养一批精明的记者，能报道劳动人民的疾苦和罢工斗争。他对我们讲课，内容生动、具体，旗帜也很鲜明。”

我们问：《京报》宣传马列、报道工人运动这些事，是飘萍主动搞的，还是党布置的？罗老以肯定的口气说：“都有。有的是他主动默契地配合，也有的是我们去跟他谈，交换意见，共同做的。”

谈到这里，罗老沉思了一下，然后严肃认真地说：“当时在北方区，是由我负责同《京报》馆邵飘萍来往的。由于当时的情况比较复杂，许多事只能在地下进行，保持一种秘密状态。邵飘萍是由我和李大钊介绍他作为地下党员的，时间大约在1924年，那时他已经为党做了许多工作。按照当时革命的需要和他本人的志愿，我们介绍他入党是顺理成章的事。李大钊同志是书记，年龄也比较大，又是我们的老师，大家对他是比较尊重的，由他作介绍人是必要的。邵飘萍入党是秘密加入的，不像现在的情形。邵也不是一般人物，所以入党是我向区委提出、区委会议上讨论通过的，旋经中央批准也是肯定的。后来飘萍以‘宣传赤化’的罪名牺牲了，我认为是很壮烈的！”

“飘萍被捕，遇难是‘三一八’以后，我不在北京。北方区是否组织过营救，我已不清楚。但那时受‘三一八’的冲击很厉害，北京党组织遭到重大打击。后来同李大钊一道牺牲的人很多，北方区委有30多位同志牺牲了，恐怕这是个关键。在这样一种情况下，就来不及把北方区的许多资料保留下来。”

谈话停了一下，罗老就十分关切地询问了邵飘萍眷属的近况，我们一一作了回答后，罗老又深情而郑重地说：“我同邵飘萍私人来往多，我也就很敬重他。作为一个记者，他在旧社会的活动是多方面的，这也是可以理解的，但是他的认识很清楚，按现在话说，就是他有鲜明的政治方向，正因为这样，他能在牺牲时表现得十分英勇。你们现在要给他设纪念室，这也代表了革命人民的共同心愿，我个人是非常赞同的，愿意尽力。这几年来，人民大学新闻系、新闻研究所，还有一些其他的单位来找我，都谈起过这些事。我以为这是郑重其事的，是段重要的史实，应该实事求是地记载到史册上去。”

时间没有磨掉罗老的记忆，我们感谢他深情的谈吐和书赠新作《纪念邵飘萍》的七言绝句：

亢斋革命先行侣，北大新闻实首倡。
创业成仁开世运，千秋纪念邵东阳。

1984年底于北京椿园

关于邵飘萍是共产党员的几点看法

方汉奇

一

邵飘萍的政治面貌，从他1926年被害以来，将近半个世纪，几乎没有什么异议。一般都认为他是一个进步的资产阶级新闻工作者，把他列入中国资产阶级新闻记者、新闻学者、新闻工作者的行列。有的文章甚至于把他尊为中国资产阶级新闻事业的开拓者。偶有分歧，也只是在是一般民主主义者，还是激进的革命民主主义者这个问题上打转转。属于资产阶级的营垒，则是众口一词的。

例如：

“邵并非马克思主义者，只因敢于揭露军阀的罪恶，便被套上一顶红帽子而死于非命。”这是老新闻工作者陶菊隐在《北洋军阀统治

时期史话》一书中说的。（见该书第8册第8页）

“追求进步，同情革命”的“著名的新闻记者”。这是《民国人物传·邵飘萍》的作者耿云志在邵飘萍的传记中说的。（见1978年版《民国人物传》第一卷335页）

上引这两段中，陶菊隐的那一段话，代表了旧中国的老报人们的共同看法。耿云志的那一段话，则大体上代表了新中国成立以来多数邵飘萍研究者的看法。都不认为邵飘萍是共产党员。

新中国成立后，一些参加过建党初期北京马克思主义小组活动，和大革命时期北京地下党活动的老同志，写了不少回忆文章。其中如包惠僧1953年写的《共产党第一次全国代表会议前后的回忆》（见《包惠僧回忆录》3—17页）、刘清扬1960年写的《回忆建党初期党领导北方人民进行的英勇斗争》（见《河北文史资料选辑》第2辑）、乐天宇1981年写的《我所知道的中共北京地委早期的革命活动》（见北京《文史资料选辑》第11辑）等，对当时北京党的活动情况都有所介绍，但也都没有一个字提到邵飘萍。

在这个问题上，邵飘萍自己是公开表过态的。他说：“鄙人至现在止，尚无党籍（将来尚不敢预定），既非国民党，更非共产党，各方师友，知之甚悉，无待声明。时至今日，凡有怨仇，动辄以赤化布党相诬陷，认为报复之唯一时机，甚至有捏造团体名义，邮寄传单，对鄙人横加攻击者，究竟此类机关何在，主持何人，会员几许，恐彼等自思，亦将哑然失笑也。”这段话是他被害前四天说的，刊于1926年4月22日的《京报》。

邵飘萍的夫人汤修慧也不认为他是共产党员。她在1908年写的《一代报人邵飘萍》一文中，仅仅指出邵飘萍是一位“一生一贯以报纸与黑暗势力斗争的一代报人”，没有说他是共产党员。1982年4月我去访问她的时候，曾经郑重地和她探讨这个问题，她的回答也是肯定的：不是！

1978年以后，才开始有人指出邵飘萍是共产党员。最先提出来的是罗章龙。

他在1978年9月写的《回忆五四运动和北京大学马克思学说研究会》一文中，这样写道：“新闻学会的领导人是邵飘萍，又名邵镜清，浙江东阳人。他是北方新闻界最早和地下党组织有联系的，后来成为共产党员。邵因宣传赤化，1926年4月26日被奉系军阀枪杀了。”（见全国政协《文史资料选辑》第61辑第41页）

继罗章龙之后，指出邵飘萍是共产党员或共青团员的还有以下几本书。它们的说法是：

“邵飘萍同志是身份没有暴露的共青团员。”（见朱乔森、黄真等执笔的《李大钊传》，1979年人民出版社，第207页）

“邵是没有暴露身份的共青团员，一说为共产党。”（见杨树升、张燕等编写的《李大钊年谱》，刊1981年出版的《河北文史资料选辑》第3辑）

“（邵飘萍）后来加入了中国共产党。”（见李锐《毛泽东同志初期的革命活动》，1983年湖南人民出版社，第175页）

罗章龙在前引的那篇文章发表后，还在另外两篇文章中重复了他的观点。在《回忆北京大学马克思学说研究会》（见1979年社会科学出版社《五四运动回忆录》上册第407页）一文中，他的说法和《文史资料选辑》第61辑中的那篇文章相同，文字也相近。在《红楼感旧录》（见1983年4月9日《团结报》）一文中，除了重复前说外，更进一步指出邵飘萍是："秘密中共党员。"

最近，为了核实这一情况，我先后四次走访罗章龙，他陆陆续续地又作了以下一些补充：

"邵飘萍1922年以后，就和党有联系，为党做了不少工作，并表示了入党的愿望。1924年前后，经我和守常（李大钊）介绍入党。我和守常认为像他那样的有社会影响的人，以不暴露党员身份为好，因此是秘密党员。发展入党后，曾就此事向上海中央作过报告，我和守常通过北大外文系的一位姓谢的女同志，和他保持工作联系。我当时在北京工作，不久就调至上海中央，仍经常往来于北京上海，一度负责过北方区委组织部的工作。"

当问到他对上述的这些情节是否记忆准确时，他的回答是肯定的。

既然在邵飘萍是否党员的问题上有以上两种截然不同的说法，就有必要加以澄清。我过去也是一直把邵飘萍当作资产阶级的进步报人来看待的。现在有所改变。我同意这样的说法：邵飘萍是共产党员——中共秘密党员。

二

根据何在？我想至少可以举出以下三点：

第一，有坚实的思想基础。邵飘萍出身于贫苦农民家庭。祖父参加过太平军。父亲因为和地方豪强作斗争，不能在家乡立足，被迫流寓金华，家庭生活非常清苦，经常以野蔬充膳。这样的家庭出身和他幼年时期所受的家庭教育，使得邵飘萍很容易接受民主革命思想的影响。早在青年时代，他就和秋瑾等革命党人有来往。积极支持民主革命。辛亥革命后，他在《汉民日报》《时事新报》《时报》《申报》坚持反袁立场，言论之激烈、态度之坚决，为同时期的一般革命报人所不及。袁世凯垮台后，他继续和北洋各派当权军阀作斗争，数被追捕，而其志不挠。十月革命爆发后，他对新诞生的无产阶级专政的社会主义国家，表示了热烈欢迎，对马克思列宁主义发生了浓厚的兴趣。根据新近发现的材料，早在1919年即中国共产党成立的两年以前，他就已经借助日文，攻读像《资本论大纲》《社会主义研究》等这一类宣传介绍马克思主义的著作。早在1920年，也就是党成立前一年，他就已经编写出版了《综合研究各国社会思潮》《新俄国之研究》这样两本介绍马克思主义，介绍俄国布尔什维克党的历史，介绍十月社会主义革命和苏维埃政府各方面政策和成就的书。公开颂扬马克思主义是“授劳动者以必胜之券”的主义。公开称赞新建立的无产阶级专政国家，是“全世界一种最新之政治组织”。不仅介绍马克思、恩格斯和列宁的事业和学说，而且第一次向中国人民介绍了斯大林。其中，《新俄国之研究》一书，还被共产党人主办的湖南自修大学列为教学参考书。为马克思主义在中国的传播，作出了一定的贡献。这样一个充满了革命热情，而又思想敏锐与时俱进的人，由激进的革命民主主义者，发展成为共产主义者，乃至于最后加入党的组织，是有坚实的思想基础的，是符合他的思想发展逻辑的，是完全顺理成章的。

第二，有相应的言论行动。正如汤修慧所说的，从党成立的那一天起，邵飘萍和他所办的《京报》，就和以李大钊为首的共产党人保持密切联系。在宣传上，邵飘萍和党的报刊紧密配合，极力介绍苏维埃俄国的建设成就，扩大十月革命的影响。他在《京报》上刊载的《苏维埃国大联合正式成立》（1923年1月7日）、《农民皆大欢喜》（1923年3月17日）、《苏维埃革命纪念》（1923年11月8日）、《劳农俄国之农业》（1923年12月28日起在该报连载）等报道，李大钊的《社会主义下的经济基础》（刊1923年11月16日《京报》）、瞿秋白的《苏维埃俄罗斯之教育政策》（刊1923年2月14日《京报》）等文章，都在读者中引起强烈反响。1923年5月5日马克思诞辰105周年之际，他特地在《京报》上出版了纪念特刊，并对北京各马克思主义研究团体举办马克思生日纪念活动情况，作了详细报道。二七罢工进行期间，他在《京报》上刊载了大量有关罢工的消息，并全文发表了工人、学生、市民及国内外各界人士为反对北洋政府迫害工人运动而发布的各种宣言和通电，给罢工运动以极大的舆论上的支持。在其他方面，邵飘萍也积极和党配合，为党工作。党在非宗教运动中编辑出版的《非宗教论》，在二七罢工中编辑出版的《京汉工人流血记》，在八条铁路同盟罢工和开滦五矿罢工中编辑出版的《工人周刊》，都曾经得到他的帮助。《非宗教论》一书中刊载的八英吋大小的三十四幅肖像，和所附的两幅中国宗教"教毒"地图，就都是由他主办的昭明印刷所制版印刷的。与此同时，他还曾经接受党派遣的十几名北大学生，到《京报》参加编辑业务实习，帮助党培养了一批新闻工作的骨干。

以上是1924年以前的情况。

1924年以后，邵飘萍和党的联系更为密切，配合也更加默契。具体表现是：

（一）在马克思列宁主义的宣传方面，投入了更多的力量。仅仅1924年一年内，他就在《京报》上编发了一期《列宁特刊》（1924年3月30日），一期《纪念马克思诞辰专号》（1924年5月5日），介绍马克思列宁的生平事迹、著作和他们的学说。对中苏建交问题，他也表示了很大的热情：以个人的名义，在北京中山公园设宴招待第一任苏联驻华大使，向苏联使馆致送题有"精神可师"等字样的锦幛；继续发表大量歌颂和介绍苏联情况的文章。如果说，1924年以前的北京《晨报》，由于李大钊、瞿秋白和它的特殊关系，一度成为传播马克思主义和介绍十月革命的重要园地的话，1924年以后，它的这一地位，就逐渐地为《京报》所取代了。

（二）在反帝反封建军阀的宣传上，表现得更为坚决。1925年他公开地在《京报》上斥责张作霖等北洋各系军阀是“一世之枭”“国民公敌”“鲁民公敌”。和他们的祸国殃民罪行进行了公开的斗争。五四运动期间，他连续在《京报》上发了三次特刊，在一个月左右的时间内，亲自撰写了二十几篇评论，谴责英日帝国主义的暴行，提出了“打倒外国强盗帝国主义”的口号。“三一八事件”爆发后他一连四天在《京报》上发表了《日英露骨的主张》《可谓强有力的政府矣》《警告司法界与国民军》《诛蟊贼》等时评，指责皖系军阀屠杀爱国群众的暴行，并发表了大量的有关这一事件的消息、通讯和通电宣言，声援人民群众的斗争。

（三）竭尽全力地支持党的各项工作。据有些回忆文章提供的材料，这一时期的邵飘萍，经常利用他的新闻记者的职业条件，和《京报》社长的社会地位，出入于各级政府机关和各国外交使团，“不断向我们党组织提供了关于北洋军阀政府方面的主要军事、政治、经济等一系列情报资料”。他还利用工作的便利，经常从驻北京的外国通讯社那里，取得“特殊重要的新闻消息”，（以上两段引文均引自罗章龙《忆北京大学新闻学研究会与邵镜清》一文，见《新闻研究资料》1908年第四期第122页）及时通报给党的组织。祝文秀在《关于邵飘萍的二三事》一文中提到的她受邵飘萍的派遣，多次化装，前往京内外各地送信的情节，其中有一些，估计就和他的这一活动有关。此外，他还利用《京报》的版面，以刊登要目广告的方式，介绍党中央机关报《向导》和北方区委机关报《政治生活》等党的报刊的出

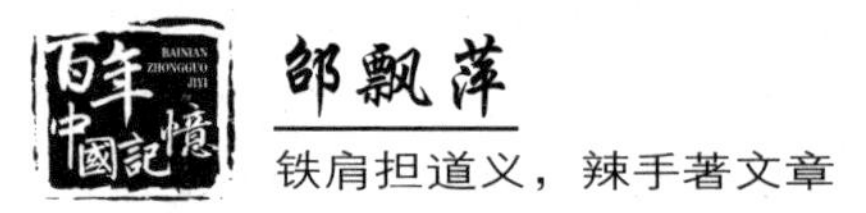

版。在《京报》上刊登当时在北京协助李大钊工作的陈毅、陈为人等北方区委领导人的文章。他还曾经和陈毅紧密配合，在后者主持的一次群众性集会上，揽衣登台，发表了激昂慷慨的反帝演说。

邵飘萍和党的亲密关系，从下面这件事中，也可以看出端倪：他的亲外甥女王宝英A，就是在1924年这一年，由他通过北京的党组织，秘密送到莫斯科东方大学去学习的。东方大学成立于1921年，是列宁在世时创办的一所以培养东方各被压迫民族革命者为目的的学校，学员多数是共产党员。没有一定的组织关系，这种事情，他恐怕是不会插手也是难以插手的。

从邵飘萍的以上言论和行动可以看出，他和党的关系非同寻常，是很难用一般的统战关系来解释的。

第三，有一定的根据和可能。

先说根据。由于岁月不居，斗争残酷，和邵飘萍同时期在北京工作的党的领导人，有的早已牺牲，如李大钊、赵世炎、范鸿劼、陈延年、陈乔年，有的不幸病逝，如陈毅、陈为人、刘清扬、刘伯庄、邓洁、包惠僧、乐天宇。同时期在上海中央担任领导工作的陈独秀、蔡和森、瞿秋白、彭述之、张国焘等人，情况各不相同，也都已不在人世。当年北方区委的老党员，倒是还有一些幸存者，但是对邵

① 王宝英学名王璞如，是邵飘萍长姐邵新月的女儿。横店人。由邵资助到杭州女子师范学校学习。毕业后转入北京平民大学学习。1924年由邵通过党组织保送到莫斯科东方大学学习。回国后，在武汉革命政府工作。大革命失败后，脱离组织，隐居于高阳，任小学校长。1949年去上海。1950年死于车祸。年约50许。有关她的情况，是现在金华的邵飘萍的侄孙邵寿生提供的。

飘萍的情况并不十分了解。目前能够确指邵飘萍是共产党员的只有一位罗章龙。

由于李大钊的过早牺牲，罗章龙的证明因而成为孤证，这是令人遗憾的。但是，我认为这个孤证是有分量的。理由之一，是罗章龙从北京马克思主义学说研究会成立时起，就在北京工作，担任过在北京的劳动组合书记部北方支部主任，铁路总工会党团书记和中共北方区委的组织部部长（李大钊不在北京时，一度代理过李的书记职务），后来虽然调到上海中央工作，仍经常往来于京津郑等地，是当时北京地区党的主要领导人之一。他所提供的证明，具有一定的权威性。理由之二，是他和邵飘萍从1918年北大新闻学研究会成立时起，就十分熟悉，他是新闻学研究会的会员，邵飘萍是新闻学研究会的导师。他在北大学习期间，就对邵有好感。离开北大以后，他们之间仍有密切来往。他在一篇回忆邵飘萍的文章中，曾经这样描写过他们之间的关系："我们以后来往多了，进一步在工作方面发生联系，我和邵逐渐接触频繁。""我作为北方党的负责人，经常和他联系工作。""我离开北京到上海中共中央局常委工作，随后又奉命出国。……在旅途中我和邵飘萍仍保持通讯联系。"（见罗章龙《忆北京大学新闻学研究会与邵镜清》，刊《新闻研究资料》1908年第4辑）他为这样一个十分熟悉的人，提供重要证明，又是自己亲手经办的事，从常理来说，是不会有记忆上的失误的。

再说可能。像邵飘萍这样的已经在社会上崭露头角，有一定地位和影响的人，被秘密发展入党，成为只和党的个别领导人保持直线联系，不受地方党委管辖的特别党员，是完全可能的，也是有先例的。举例来说，在邵飘萍之前就有江浩。他原是同盟会员，后来当了北洋政府的国会议员，入党的时候已经四十出头，一直以天津烟酒公卖局局长的公开身份，掩护革命工作。在邵飘萍之后，还有杨度和张克侠。他们两个人都是1929年秘密入党的。杨度在入党前是名声很不好的筹安会六君子之一。入党时已经55岁。入党后，在杜月笙门下做“清客”，以此为掩护，为党做了大量工作。张克侠在入党前是西北军三十八师的参谋长，入党后继续留在旧军队，一直当到国民党第三绥靖区的副司令长官，长期只和中央代表单线联系，隐蔽工作近二十年，直到在淮海战场上率部起义，才公开了党员的身份。像江浩、杨度、张克侠这样的在旧营垒中厮混过的人，尚且能够冲杀出来，反戈一击，成为共产主义的战士，邵飘萍何独不能？江浩、杨度、张克侠这样的人，可以和高一级的党组织保持单线联系，成为特别党员，邵飘萍又何独不能？

实际上，当时社会上对邵飘萍和党的关系，早已有所揣测：邵飘萍生前就曾经戴过“卢布党记者”“苏维埃之御用品”之类的红帽子。最后也是以所谓的“勾结赤俄”“宣传赤化”的罪名被杀害的。直到现在，台湾出版的《中国新闻史》，还尊他为“共产党的代言人”（见该书1977年版第328页）。这些也都从反面和另一个侧面，反映了他和党的不寻常的关系。

三

需要弄清楚的还有两个问题。

一个是邵飘萍的入党时间问题。据前引罗章龙提供的材料，邵飘萍是1924年前后由李大钊和他两个人介绍入党的。罗章龙从1923年二七罢工开始到1924年7月，基本上在北京。1924年7月以后，他先是去德国参加国际运输工人会议，继而又调到上海中央工作，在北京的时间就不那么多了。李大钊则从1923年12月起，就去广州参加国民党第一次全国代表大会，直到1924年2月才回北京。同年5月，又因张国焘的叛变，受到通缉，被迫走避昌黎县的五峰山，此后又经东北到苏联，参加共产国际第五次代表大会，直到1924年10月才回到北京。据此，邵飘萍入党的时间，只能是李、罗两人都在北京的这一段时期内，即1923年2月至11月，和1924年3月至5月。以后一段时间的可能性不大。

一个是邵飘萍究竟是党员还是团员的问题。建党初期，北京的党团组织区分得并不十分严格。1921年前后建立的组织，分为共产主义小组和社会主义小组两种。据乐天宇在《我所知道的中共北京地委早期的革命活动》一文中指出："当时有一条不成文的规定，20岁是个界限，不是20岁的加入社会主义小组，20岁以上的加入共产主义小组。"（见北京《文史资料选辑》第11辑）1922年以这两个小组为基础，分别建立了党团组织。原来加入共产主义小组的，就是党员；原来加入社会主义小组的，就是团员。1923年起，各个青年团支部开始转为党支部，到1924年1月全部转党完毕，所有团员都自然地转为党员。天津和河北地区的情况，也大抵类此。邵飘萍1924年已经年近40岁，比李大钊当时的年龄，还要大4岁。因此是党员的可能较大。前引《李大钊传》和《李大钊年谱》中所说的，“邵飘萍是身份没有暴露的共青团员”云云，恐怕未必符合实际。即使曾经是团员，1924年前后也该早已转为党员，不宜再以团员相称了。

四

看了上面的介绍和分析以后，也许会有疑问：为什么邵飘萍否认自己是共产党员？为什么邵飘萍的家属，包括和他关系最亲密的汤修慧，也不知道他是共产党员？为什么毛泽东不知道他是共产党员？为什么和他同时期在北京工作的不少党员同志，不知道他是共产党员？这些疑问，其实是不难回答，也是不难解释清楚的。

邵飘萍否认自己是共产党员，是因为处在白色恐怖条件下的缘故。他是单线联系的特别党员，身份并未暴露，没有必要自报家门，授人以柄。

邵飘萍的家属，包括汤修慧在内，都不知道邵飘萍是党员，是因为邵飘萍没有向他们暴露自己的这一身份。这既是党的地下工作的纪律，也是当时斗争的需要。杨度就从来没有向他的家属，包括他的母亲、妻子和妹妹暴露他的党员身份（见何后文、杜迈之《杨度传》第136页）。邵飘萍在这方面也是做得很好、做得很对的。他因此在一些朋友们当中，被认为是一个“喜欢搞政治”，而又“深藏不露的人”。[①]

毛泽东不知道邵飘萍的党员身份，是因为他自从1920年4月南下后，一直到新中国成立，没有再回过北京。邵飘萍的入党和被害，都是他离开北京后发生的事情，他不可能知道。以李罗当时在党内的地位，也不会专门向他去报告。邵被害后的十年，他一直处在戎马倥偬的战争环境之中，没有时间也没有条件去弄清楚有关的情节。和斯诺谈话时，只能凭1920年以前的印象，因此才有“是一个自由主义者”那一番话。这也是可以理解的。

许多同时期在北京工作的共产党员，不知邵飘萍的党员身份，是因为邵是“特别党员”，一般情况下，不参加地方党的活动。另外，由于党当时处在幼年时期和地下状态，发展党员的手续，并不十分完备。有的时候需要提交党员大会或区党委会讨论，像施洋和胡鄂公入党时那样（见《包惠僧回忆录》第12页、396页）。有的时候则并不需要经过这些程序。正像有些当事人在回忆文章中所描写的：“当时介绍谁入党，就是一句话，然后给陈独秀报告一声，什么填表啊，统统没有。那时党刚成立，不敢公开，处于秘密状态，所以入党手续很简单。”（《张申府谈旅欧党团组织活动情况》，刊1981年《天津

① 见包天笑《钏影楼回忆录》续篇。

文史资料》第15辑）因此，个别由党的高级领导人直接介绍入党的同志，一般党员就不一定知道了。

1928年，张作霖下旗出关，被炸死在皇姑屯，奉系军阀从此垮台，北京各界人士为邵飘萍举行了盛大的悼念仪式。此时，害人的人和被害的人都已去世，邵飘萍的政治面貌按说已经没有保密的必要。但是，国民党新军阀取代了北洋军阀的统治地位，白色恐怖仍然继续存在，公布邵飘萍的政治面貌，既不利于工作，也不利于家属。时间长了，这一事实就被淹没了。这也许是邵飘萍的党员身份，所以长期不彰的一个原因吧！

弄清楚邵飘萍的政治面貌，指实他的党员身份，对近代新闻史的研究，具有重要意义。它将昭告世人：早在20世纪20年代，我们党就有了像邵飘萍这样的优秀的新闻工作者；我们的新闻战线就有了像邵飘萍这样的杰出的共产党员。它也将极大地丰富我国无产阶级新闻事业史的内容。邵飘萍的名字，将不再和资产阶级连在一起。他将以杰出的无产阶级新闻战士、杰出的无产阶级报刊活动家和新闻教育家的名义，载入中国新闻事业的史册。

判断一个人是否共产党员，是一件十分严肃的事情。不应该把不是党员的人，随便地轻率地说成是党员。同样，也不应该把在秘密情况下确实加入了党，并为它的事业献出了自己的宝贵生命的同志，永远地摒除党外。这样做，何以对先烈？何以对遗属？何以对世人？

今年是邵飘萍诞辰100周年，弄清楚这位杰出的新闻工作者的党员身份，还历史以本来的面目，将是对他的战斗一生的最好的纪念！

五四运动的发难人邵飘萍

旭 文

受十月革命影响的五四运动，是一次伟大的反帝反封建的爱国运动，她为我们党的成立从思想上、组织上作了准备。邵飘萍就是这个伟大运动的发难人之一。

邵飘萍，原名邵镜清，浙江东阳人。生于1886年10月11日，1916年7月以上海《申报》特派记者身份进北京，1918年10月创办《京报》，亲任社长。

北京是五四运动的策源地，“北大”则是大本营，起了发动和组织作用。

旧“北大”，原是个封建礼教的集中地。1917年1月蔡元培先生上任校长后，延聘思想革命的陈独秀、李大钊、刘半农等教授任教，竭力为新思潮开拓阵地，以致社团林立。其中与邵飘萍、与五四运动有密切关系的是新闻学研究会和《国民》杂志社。

新闻学研究会创立于1918年10月14日，邵飘萍是首倡人、促成者和导师。许德珩在《五四运动六十周年》一文中说：“《京报》的邵飘萍在‘五四’前一段期间，每星期日来给我们讲他的新闻采访经验。这个会与五四运动很有关系。毛泽东同志也参加了新闻研究会，蔡元培对它特别重视。”邵在北大开设新闻学科，旨在“培养一批精明的记者，能报道劳动人民的疾苦和罢工斗争”。他以自身的铮铮铁骨，要求社会记者以“品性为第一”，做到“侠义勇敢、诚实、忍耐……贫贱不能移，富贵不能淫，威武不能屈，泰山崩于前，麋鹿兴于左，而志不乱”。他讲授新闻实践，特别注重政治经济和劳工诸因素，强调要重视对劳工运动、工人疾苦、同盟罢工的报道。他授智育人，爱憎分明，对会员的思想有很大的影响。新闻学研究会从成立到1921年停止活动，培养了一代新闻人才，他的诸多学员后来成了“五四”新文化运动的骨干，由他们创办了许多新报纸。在“五四”时期配合学生的爱国运动，起到了重要的作用。研究会的一些骨干会员，如毛泽东、罗章龙、高尚德（君宇）等，均是五四运动在各地的风云人物，后来还成为我党早期党员或党的领导人。邵飘萍在新闻学研究会里所做的工作，是极有意义的。

国民杂志社，成立于1918年10月20日，邵飘萍是顾问（李大钊为指导，邓中夏、高君宇、许德珩以及张国焘、易克嶷等任编辑）。这个刊物是“北大”的学生救国会办的，目的是宣传爱国、反帝反军阀。邵飘萍团结、配合革命力量，和帝国主义（尤其是日本帝国主义、反动军阀）作了坚决的斗争。该社成立时，邵飘萍出席祝贺，并表示“竭力相助”。后来，他在致该社记者的信中，又用现身说法阐明，唤起国民自觉，振兴国家的办社宗旨。他说：“弟平时在言论界之所主张，每以为欲救中国，其根本在国民之自觉。……盖世界各国断无有国民毫无能力而国家有振兴之希望者。”表示“今后仍抱定此旨，以尽提倡之责，纵为权贵官僚所不喜，职务所在，不敢辞也！”他鼓励《国民》杂志社“认定宗旨，始终不移”，并再次表示“需助之处，惟力是视”。《国民》杂志是个全国性的刊物，邵飘萍对她的积极扶持，并非没有意义。这个杂志社的主要骨干邓中夏、高君宇、许德珩、张国焘、易克嶷等，也都是“五四”的群英，“直接行动”的闯将，她的社员在五四运动中表现也很积极。

“五四”之前的这两个社团组织，从创建到活动，直至办刊，邵飘萍不但积极参与，而且都给予大力的支持和精心的指导。他们公开谈论国事，思想异常活跃。通讯、开演讲会、讨论问题，活动频繁，形式多样，从而对五四运动的舆论准备和思想发动，以及延揽贤士、汇聚进步力量的组织准备上，都起过重大的作用。“五四”之前的邵飘萍和李大钊一样，是做过许多工作，对革命青年有过重大影响的人。不仅如此，邵氏还是五四运动的发难人之一。

1919年“五一”清晨，《国民》杂志社得到了巴黎和会上中国外交失败的消息，他们被震怒了。她的社员在西斋饭厅召开了紧急会议，商议对策。高君宇四处奔走，联络各处进步青年，讨论如何采取“直接行动”。5月3日，校长蔡元培先生又将“钱能训内阁已发出密电，命令出席巴黎和会代表在山东条款上签字”的消息，转告给学生代表。早在筹办抗议游行的“北大”群情激愤，是晚7时，1000多名学生和北京市的高校代表，在法科礼堂开会。大会由易克嶷主持，一开始就由邵飘萍发表重要演说。他报告了巴黎和会上中国外交失败的经过和原因，又具体地分析了山东问题的性质及现下之形势，最后他大声疾呼：“现在民族危机系于一发，北大是全国最高学府，应当挺身而出，把各校同学发动起来，救亡图存，奋起抗争。”接着，新闻学研究会会员、国民杂志社的编辑高君宇登台慷慨陈词，声泪俱下。这时台上台下，热血沸腾，法科学生谢绍敏当场撕下衣襟，咬破中指，血书“还我青岛”四个大字，悬于台上。最后大会决议，联合各校学生，于明日（即4日）齐集天安门，进行爱国大游行、大示威。“五四”前夜，这个开始扭转中国历史命运的“五三”晚会，邵飘萍具有“五四”发难人的地位，其历史功绩是卓著的。

翌日，爆发了震惊中外的五四运动。邵飘萍坚决支持学生的爱国反帝行为。他秉笔直书，在《京报》上一次又一次地发表评论，高声呐喊“大祸当前，忍无可忍”，深刻揭露帝国主义侵略中国之阴谋，愤怒抨击北洋军阀政府的无能和卖国，无情揭发曹汝霖、陆宗舆、章宗祥的丑行，严厉指责政府袒护卖国贼，“敷衍”学生的爱国行动，明确指出“对内即对外之准备”，鼓励社会各界“持久进行”斗争，多次警告反动政府决不要用“军营之办法”对付学生，否则爱国风潮将更加扩大。邵飘萍和他所办的《京报》，与全国进步报刊造成了强大的革命舆论，紧紧地配合伟大的群众斗争，发挥了积极的作用，终于迫使反动政府拒绝在帝国主义分赃的“和约”上签字，捍卫了中华民族的尊严。

由于邵飘萍“五四”时期的活动和对革命青年的影响，以及对政府卖国行径和镇压学生活动的抨击，当局对其视为眼中钉、肉中刺，他们怀着极大的仇恨和恐惧，终以邵氏扰乱京师治安，《京报》侮辱政府之莫须有的“罪名”，向全国下达通缉令逮捕邵飘萍，并于8月21日封闭了《京报》馆。邵飘萍险入囹圄，被迫化装出逃，从丰台经天津至上海，不久应日本大阪《朝日新闻》社之邀请，又从上海经奉天买舟东渡，第二次亡命日本，任《朝日新闻》社的特约记者。直至1920年安福系垮台，邵才从日本返回北京，复活《京报》。

邵飘萍是北方新闻界最早和地下党组织有联系的人，他积极参与了我党初期的许多重大活动。1924年前后李大钊、罗章龙同志介绍他成为地下党员。1926年4月26日，被奉系军阀张作霖以“宣传赤化”的“罪名”，枪杀于北京天桥，是年四十又一。这是后话。

1985年3月

邵飘萍党籍认定记

旭　文

对著名新闻记者邵飘萍，原先人们只认为他是一个进步的资产阶级新闻记者，因他本人生前从未暴露过共产党员的身份。邵夫人汤修慧、祝文秀也否认他是共产党员。1936年毛泽东同志在与斯诺谈话时，说邵飘萍对他“帮助很大”，是个“富有热烈理想的优良品质的人”，也没有提及他是共产党员。

1978年9月，罗章龙教授在《回忆五四运动和北京大学马克思学说研究会》一文中，首次提到邵飘萍是北方新闻界最早和地下党组织有联系的，后来成为共产党员。为了弄清邵飘萍烈士的本来政治面目，县政协文史委派笔者与季晓岚、王玉涛、应乃尔（斯苏民），于1984年底赴琼拜访罗章龙教授。

罗教授以钦赞之情，介绍了邵飘萍与共产党的多方关系，以及为党工作的业绩。最后明确地说：“邵飘萍是由我和李大钊介绍他为地下党员的，时间大约在1924年前后，那时他已经为党做了许多工作，按照当时革命的需要和他本人的志愿，我们介绍他入党是顺理成章的事……邵飘萍入党是秘密加入的，不像现在的情形。邵也不是一般的人物，所以入党是我向区委提出，区委会上讨论通过的。”旋经中央批准也是肯定的，拜访罗教授之后，我们一行四人又走访了对此有过深入研究的方汉奇教授。他热情地向我们介绍了关于邵飘萍是共产党员的几点看法，从思想基础、言论行为及当时北方党组织的情况等方面进行论证后，认为邵飘萍完全可能是中共秘密党员。

东阳县是邵飘萍的故乡，1986年又是邵飘萍诞生100周年、殉国60周年。大家认为对他最好的纪念就是恢复烈士本来的政治面貌。当时邵氏尚属党外著名人士。我便以县委统战部名义，将调查情况直报中央统战部。不久，即由浙江省委组织部电我，明示要求通过组织部门逐级上报。县委很重视，经研究，于1986年2月25日，向金华市委呈报了《关于要求认定邵飘萍同志为中共党员的报告》，内云：邵飘萍同志生前从事新闻工作多年，创办了《京报》，曾任《国民》杂志社顾问，《北京新闻学研究会》导师，且系伟大的五四运动发起人之一。邵飘萍同志在1922年以后，就和党有联系，积极为党的事业作出了重要贡献，直至1924年由李大钊、罗章龙介绍秘密加入中国共产党为地下党员。后来，邵飘萍同志在1926年4月26日被奉系军阀张作霖以“宣传赤化”的罪名杀害于北京天桥。邵飘萍同志入党后至遇难前，没有失去过党的组织关系，也未发现变节嫌疑，现在理应认定他为中共党员，还其历史的本来面貌。鉴于邵飘萍是早期秘密加入我党的同志，其党员身份至今未被广大人民群众所知。为此，申报上级党组织尽快做好邵飘萍烈士的党籍认定工作，以更好纪念邵飘萍诞辰100周年（1986年10月11日）和殉国60周年（1986年4月26日）。

这个报告的附件共五个：《关于邵飘萍同志党籍的调查报告》、《访罗章龙教授录音原始稿》、罗平海来信及《邵飘萍与共产党》（旭文）、再访罗章龙教授记录稿（旭文）、方汉奇教授《关于邵飘萍是共产党员问题的几点看法》。人民没有忘记邵飘萍同志，党没有忘记自己的优秀儿女。报告经中共金华市委、浙江省委组织部上报到中央。1986年7月10日，中共中央组织部下达（86）组建字103号文件：

认定邵飘萍同志1925年春加入中国共产党。

忆北京大学新闻学研究会与邵镜清

罗章龙*

溯自辛亥革命后，中国新闻事业如雨后春笋，一时勃兴起来，北京、上海等大城市日报刊行颇多。当时北大同学在课余之暇自办刊物兼从事新闻记者工作的不乏其人。北京大学并创刊各种周刊，于是同学爱好新闻事业遂成为一时风尚。我和鸣谦、植棠、君宇、声白、润之诸同学，自办刊物并经常为各报刊撰写稿件，同时也喜欢研究有关新闻业务的理论与实际诸问题。

可是当时学校课程，并无所谓新闻学，北京各大学中，更未设有新闻专业。

一天我和几个同学在景山公园散步，途中谈到此事，大家觉得何不联合同学，来共同研究这门学问，谈后我们便去向徐宝璜教授请

* 作者系中国革命历史博物馆顾问。

教。徐教授江西人，刚刚从美国回来，会谈之下，十分热诚。自称：“在美国时，已学习过几门有关新闻学的课程”，他很愿意指导同学学习。同时我们又将这个意思，告诉常向我们拉稿的邵镜清。邵氏是京报社社长，浙江人，为人聪慧开朗，仪表非凡。他亲为《京报》写社论、编新闻等业务，时感人力不足，因向北大同学组稿。他主动写信给蔡孑民校长，倡议设立研究新闻学研究会。

此事酝酿多时，经北大师生多人的共同努力，结果终于组织成功了北大新闻学研究会。先后参加会员50余人，均北大同学，蔡孑民校长因势利导，并积极参加新闻学会工作，被选为会长，徐宝璜与邵镜清选为导师。当时北大师生同心合力，把新闻学会办得很有成绩，声誉日盛，因此他们被认为是中国新闻学界的拓荒人物。

以下我择要记述一些北京大学新闻学会的重要活动事迹。

北大新闻学会于1918年冬十月成立，讲习会址在北京沙滩东口红楼34教室。新闻学会成员就文献可证者，计50多人，学会定每周讲习三次至五次，主要在第一院文科36教室举行，经过五个月结业，由蔡校长亲临举行毕业典礼，由北大新闻学会发给文凭。当时，我出席这次空前盛会，计学会会员中取得证书者共计55名。其中得听讲一年证书者共23人。即：

何邦瑞、谭植棠、区声白、倪世积、谭鸣谦、黄欣、严显扬、翟俊千、张廷珍、曹杰、杜近渭、徐思达、杨亮功、章鉴诒、傅馥桂、温锡锐、缪金源、冯嗣贤、肖鸣籁、欧阳英、丘昭文、罗汝荣与陈公博等。

取得听讲半年证书者共32人：

李吴祯、陈秉瀚、徐云光、姜绍谟、来焕文、马义述、杨立诚、易道尊、毛泽东（润之）、罗璈阶（章龙）、钟希尹、常惠、吴世晋、王南邱、鲍贞、韩荫毂、陈光普、朱存粹、华超、朱如儒、舒启元、刘德泽、梁颖文、倪振华、杨兴栋、曲宗邦、慰士杰、黄琴、吴宗屏、高尚德与陈鹏等。

上述会员举其所知分别择要介绍他们的革命政治风貌与思想分野如下：

谭鸣谦　原名祖培，后号平山，哲学系。

谭植棠　中文系。

区声白　哲学系。

陈公博　政治系，以上均广东人。

易道尊　英文系，江西萍乡人。

毛泽东　字润之，图书馆助理员，湖南湘潭人。

罗璈阶　字章龙，号文虎，哲学系，德文班，湖南浏阳人。

高尚德　字君宇，文学院，山西静乐人。

舒启元　文科英文系，湖南长沙人。

以上各会员后均参加北京大学马克思学说研究会为会员，先后加入中国共产党与劳动组合书记部，并参加亢慕义斋各项革命活动，其余诸同学或加入非宗教同盟，或为民权运动大同盟成员。尚有一部分从事革命文学活动。思想进步，均曾积极参加五四运动的直接行动与新文化革命运动。

在北大新闻学会的学习研究和活动中，应郑重提到邵镜清。他是北京大学新闻学会的倡议和促成者。北京大学新闻学会的开展当时虽然名义上由北大校长蔡孑民负责，但蔡因校务殷繁，实际工作，均由导师二人主持。同学学习辅导则由邵镜清独立承担。因此，他实负重任。

我初识邵镜清是在1918年冬北大红楼新闻学会，那时我和毛泽东、鸣谦、君宇等都是新闻学会会员，大家对邵怀有共同好感，我们以后来往多了，进一步在工作方面发生联系，我和邵逐渐接触频繁，他的言论和行动后来渐渐与中共北方区党的政策发生共鸣，对党与革命做出了卓越的贡献。

1926年他以“宣传赤化”被北洋军阀政府逮捕入狱，枪杀于北京天桥刑场，他以革命记者身份，流血牺牲，已经40多年了，中国人民是永远怀念他的。

邵振青，字飘萍，浙江东阳县（一说金华）人，在浙江高校毕业后，曾为中学教员，同时兼任地方报纸通讯员，辛亥革命时曾与杭辛斋经营浙江《汉民日报》（1912年至1913年），该报与浙江旧势力抗争，与官厅立于反对地位，因此被逮捕三次，拘禁九个多月，最后《汉民日报》竟被封闭，邵乃东赴日本，自设东京通讯社，向中国各大城市供应新闻稿件。他又在北京自办昭明印刷厂。邵在北方时与守常过从颇久，结为文字之交，实为后日加入政治活动之媒介。邵到北京后，创办《京报》，参加新闻学会，一生事业从此发轫。

邵镜清是具有革新思想和较有魄力的新闻记者，他是最早创建中国新闻学专业的拓荒者，这里我首先介绍他在学术方面的抱负。

1919年4月，他为徐宝璜所著新闻学纲要写了序。说："自蔡孑民先生任北京大学校长以来，各种学科，渐臻完备，又注意于临时讲演，以补教科书所未及。业余新闻记者，窃叹我国新闻界人才之寥落。远观欧美及日本近年以来，新闻之学，与日俱进，专门著述，汗牛充栋，其新闻事业之发达，亦即学术进步之效果耳。去年之春蔡校长有增设新闻讲演之计划，余乃致书以促其成。比得蔡先生复书，极承奖饰，斯会遂于暑假以后成立，请教授徐伯轩先生主任其事。蔡先生复以余从事新闻记者有年，并函聘为导师。自维于新闻之学，素乏研究，而以蔡先生之所期许，于理又不敢辞，遂与伯轩先生分任演讲。区区之意，欲为未来之新闻界开一生面。"

从上述文字可见邵镜清对新闻学极有抱负，慨然欲为中国新闻界别开生面，可谓前无古人。不仅如此，同时邵还写有《实际应用新闻学》一书（1923年8月北京京报馆出版），在该书序言中他开宗明义阐明：我国新闻界所最需要者，为培养各种外交记者（访员）。他说："记者精神上之要素，以品性为第一，所谓品性者，乃包含人格操守，侠义勇敢，诚实、忍耐，及种种新闻记者应守之道德，贫贱不能移，富贵不能淫，威武不能屈，泰山崩于前，麋鹿兴于后，而志不乱。"他参考欧美日本学者专门著述，及自身十余年来实地经验所得，以极浅显之理论。供有志青年之研究，书中所述理想的外交记者应"取法乎上"。邵镜清又认为从事新闻事业应对各国社会思想有真知灼见，他著有《综合研究各国社会思潮》一书流行国内，他在采访新闻时强调对政治经济与劳工诸因素。

各业工厂，举凡工矿之黑暗，工人之待遇，工资，时间，工头制度，徒弟生活，工人团体，（教育训练）罢工酝酿等均应为社会记者所特别注意。他特别重视劳工运动，关于同盟罢工，他说应该注意采访下列各项新闻：

（1）公司组合，工厂及地方名称；（2）工厂等所有者及经理人姓名；（3）罢工者人数；（4）以前该地有无罢工，其时日及原因（与今次比较）；（5）劳动者方面代表的姓名；（6）今次罢工的真正原因；（7）劳动者方面提出条件（如对工资削减不平，及加工资要求等）；（8）工厂方面提出的条件；（9）劳动者与工厂争论始末；（10）现在的工资；（11）劳动时间；（12）工资及时间，近来曾行改革否；（13）与其他地方企业的工资时间比较；（14）劳动者的团结力；（15）劳动者中破坏团结作业者；（16）罢工前途的预测；（17）劳动者已受到社会方面的同情；（18）上次罢工时的结果；（19）与工厂接洽总代表姓名；（20）解决前途的推测调停者活动情况；（21）罢工业务的种类产额及现况；（22）新劳动雇入之预计量；（23）雇主等的威吓行动；（24）警方之处置；（25）罢工的结果；（26）工会方面的光景；（27）工厂方面的态度；（28）罢工者罢工中之生活费所从出；（29）商业及公众所蒙受的影响等。由此可见他同情罢工追求新闻自由，思想是激进的。对新闻学理论与实践是有深远修养的。

邵在北大新闻学会讲授新闻实践，他自己承认学问根底不佳，其实他文采丰富，议论通畅，思想敏捷，真是下笔千言，顷刻交卷，就在这方面上给我们的训练很大。他最能干的是他采访新闻的手段，他自诩“守如处女，动若脱兔，有鬼神莫测之机”。例如当时刺宋渔父要犯洪述祖正在北平就逮，他运用方法从洪之妾手中获取洪氏亲笔日记露布《京报》，幽燕人士，无不惊其采访绝技。

邵为人做事极能干切实，且机警肆应，故《京报》销路首屈一指，广告收入大为增加，他以报社经济力量，支持北方革命事业，做了许多对革命有益的事情。

邵镜清对于非宗教运动工作，曾作出重要的贡献，当年北方区党组织曾给予良好的评价，事情大概经过是这样的。

我当时担任北大中共支部书记，负责这个繁重的工作，联合北京国立八校教育界师生和北京新闻界共策进行公开集会讲演外，并出版《非宗教论》一书。

1922年春，我党在北京发起非宗教运动是当时中共北方区领导下的革命思想战线的伟大斗争。

参加非宗教同盟者以北京大学教师蔡元培、陈独秀、李守常为公开对外代表人物，实际主持与组织者为中共北大支部诸同志。在《非宗教论》一书中，公开刊印卡尔·马克思的巨幅铜版像，此铜版像是由京报馆铸版、制成，并加以说明：“宗教是人民的鸦片。”此书现在由北京大学馆藏，由我作序。

《非宗教论》文集共有33篇论文，按原书刊布文章的时间顺序排列。

执笔人有：

肖子升（法华教育会秘书）3篇

罗章龙（北大哲学系中共支部书记、北方区委委员，北方劳动组合书记部主任）2篇

罗素（英国哲学家）1篇

蔡孑民（北京大学校长）7篇

张耀翔（北大心理学教授）1篇

陈独秀（中共书记）（在上海）2篇

周太玄（四川大学教授）2篇

吴又陵（北大教授）2篇

李幼椿1篇

李石曾（华法教育会会长，北大生物学系教授）4篇

李守常（北方区委负责人，北京大学教授兼图书馆主任）1篇

朱执信（国民党《建设》杂志主编）1篇

王抚五（北京大学教授）1篇

（余略）

《非宗教论》一书中刊有八英寸铜版肖像三十四幅。该书又附有中国分省宗教“教毒”地图一巨册，内有总图二幅均用锌版。

此项工作均由邵镜清所主办的昭明印刷厂承印办理。他在这方面对我们提供了不少的义务援助。

当年《京报》在《非宗教论》一书上刊登广告，首称：“《京报》由邵飘萍主干，专门学子十余人，分任编辑。”所谓专门学子，

大都系北京大学学生，马克思学说研究会的成员。他们是通过北京党组织派往工作的，由邵本人负责培养训练，后来都渐渐成为新闻战线上的干部，有才能的记者和编辑。

与此同时，邵镜清在本位工作上又不断向我们党组织提供了关于北洋军阀政府方面的重要军事、政治、经济等一系列情报资料。同时他又从东交民巷外交团、路透社、电通社，法国、德国等为我们取得特殊重要的新闻消息。这些工作都很有价值。

我记得远在1923年（二七大罢工）期间，中共北方区委政治宣传任务十分繁剧，当时北京地区白色恐怖严重。缇骑密布，禁网森严，我与北大支部同志君宇、伯英、天放、江囚、伯青等坚守岗位，隐蔽居住，在骑河楼等处主编《京汉工人流血记》。一夕数迁，不遑宁处。当时印刷发行条件极端困难，排字、铸版、打纸型、装订，各方面工作原来主要放在北京大学地下室印刷厂秘密进行，后因发行数量激增，当时人力物力均感不足，我们得到《京报》方面尽力支持，这样《京汉工人流血记》数以万计的发行量，方得顺利完成。因此，同志们都说这是《京报》对革命工作雪中送炭！

1922年前后，我党在北方发动八条铁路的同盟罢工和唐山、开滦大罢工，在革命宣传方面出版了《工人周刊》，创立劳动通讯社，同时也得到邵飘萍的同情和支持。自此以后，我作为北方党的负责人经常和他联系工作，在北京市工会工作方面成立了革命的印刷工会，京报印刷厂工人也参加了这个组织。

1923年6月我离开北京到上海中共中央局常委工作。随后又奉命出国，出席共产国际第五次大会，会后转到巴黎、柏林、汉堡、荷兰等地工作。在旅途中我和邵飘萍仍保持通信联系。

1926年，广州方面北伐形势如箭在弦上，一触即发。我从欧洲回国，路过北京，当时整个北方革命如火如荼，向前开展。我留居北京数月，知道《京报》工作也极有进步。邵镜清在主持《京报》期间，在1924年时，热情拥护国民政府联俄、联共和扶助农工的三大政策，歌颂俄国的十月革命。在《京报》出版“纪念马克思诞辰专号”和“列宁特刊”，一时人人争购，号称“洛阳纸贵”。其中部分编辑系由北方区委派往工作的，大都是北京大学学生。由于《京报》内容刷新与充实，销数骤增至6000份以上。

邵镜清生平性格开朗，交游极为广阔。曾先后受聘任上海《申报》驻京记者，日本东京《朝日新闻》驻沪特派记者，在京时与《泰晤士报》记者Morion往还，增加了他在国际上的声誉，因此他名满京华，誉望极高。但誉之所至，毁亦随之，他却处之泰然，尝对我说要从事革命就难“尽如人意”，但求心无愧怍就够了！但反动政府对于他的政治背景是多方进行侦查的，所以最后以“宣传赤化”罪名将他杀害，这绝不是偶然的事。众所周知，邵镜清在军阀专政下，从事新闻记者工作是备受压迫的，他在政治上与中共北方区地下党发生联系后，更引起军警方面的经常注意。《京报》的言论和新闻是旗帜相当鲜明的。

因此1923年“二七事变”发生，《京报》一度被查封。《京报》被封时，军警搜查，如捕大盗，他仓促间从屋顶逃出，暂避居于东交民巷六国饭店，当时安福系内阁即以扰乱京师治安罪名照会公使团引渡，并行文全国通缉，他乃仓皇逃往天津。

1926年4月，《京报》再被搜查，他走避东交民巷，4月24日晚间化装回馆清理文件，在琉璃厂被警察捕去，同时《京报》被封。

25日，北京各界推举代表谒见奉军第三军团长张学良，请求释放，张学良说："取缔宣传赤化分子，早经奉天军事会议决定，警厅奉令执行，邵不过其中之一人而已。"邵在警厅受到军法审讯，26日清晨被绑赴天桥枪决。他临刑时态度从容，面不改色。

邵为中国新闻事业，为中国革命做了大量的工作。最后为人类伟大目的，贡献出自己的生命，这是求仁得仁，中国人民对他是永远怀念的。

1980年6月于北京

发现与探索

——记祝文秀和她所提供的有关邵飘萍的一些材料

方汉奇

祝文秀又名振亚，生于1897年，目前还健在，是邵飘萍的另一个妻子。她原籍南京，祖父辈始迁居无锡。她父亲这一代，她家原有十来亩地，生活勉强维持，后来因为遭到意外，家道中落。幼年时代的祝文秀只能靠母亲刺绣和在丝厂做工维持生活，她自己也做一些针黹，补贴家用。17岁那年，天津的一个髦儿戏班子到南方物色女孩子，看中了她，以一次借给300元安家费为条件，吸收她进班学戏，她母亲也随她在这个班子里充当做戏服的绣工。这以后，她随班演出于京津两地，唱过京戏，唱过梆子，也唱过无锡景之类的南方小曲，并且有一个颇有一点小名气的艺名，叫花小桃。原先借班主的那笔钱，利上滚利，翻了几番，母女俩无力偿还。班主竟要卖她去抵债，几个流氓恶少也在打她的主意，幸亏靠同班结拜姐妹们的帮助，代还了欠款，她才得以脱身。1917年她21岁的时候，经人介绍初识邵飘萍于北京。经过一年多的来往，于1919年2月和邵飘萍结婚。先后安家于北京的羊皮市胡同、下洼子、刚家大院等地。从1919年到1926年，她和邵飘萍共同生活了7年，其间还一度到过天津、上海和日本。邵飘萍遇难那一年，她还不到30岁，料理完丧事以后，矢志不再改嫁，领养了一个男孩，以做针线和种菜为生，隐居于无锡前洲西塘，一直到现在。

过去，人们一般只知道邵飘萍有位汤修慧夫人，对祝文秀则一无所知。她是怎样被发现的呢？说来也有点偶然。1982年4月，邵飘萍的烈士身份重新得到肯定，他的骨灰也即将被安置进八宝山革命烈士公墓，我为此给《文汇报》写了一篇短稿，介绍其事。刊出后不久，就有一位自称祝韶华的中年人，带着一篮鲜花，找到《文汇报》党委，自称奉母亲之命准备把这篮鲜花送至北京邵飘萍烈士灵前，并代表她参加烈士骨灰安置仪式云云。问他母亲是谁？回答是：祝文秀，邵飘萍的妻子。与此同时，八宝山革命烈士公墓也收到了祝文秀、祝韶华从无锡发来的唁电。这才引起人们的注意。《文汇报》在接待了祝韶华来访的当天，就把这件事通知了我，并要我就此事作进一步了解。我也是只知道有一位汤夫人，不知道有所谓祝夫人的，收到《文汇报》同志们的来信后，就根据他们所提供的线索，和文秀、韶华母子进行了通信联系，看到了他们寄来的有关邵飘萍的回忆文章，和他们所保存的有关邵飘萍的照片和其他文物资料，断定祝文秀确实是邵飘萍的另一位妻子。为了进一步证实这一情况，我还特地请教了新闻界的前辈，和邵飘萍同时在北京办报，并参加过邵飘萍被捕后的营救活动的萨空了同志；走访了在北京的邵飘萍的长子邵贵生，和在上海的邵飘萍的次女邵乃偲。他们都认为祝文秀的未亡人身份，是有根据的，贵生、乃偲两位同志还依稀记得他们确实曾经有过这样一位母亲。我把这些情况反映给民政部门，民政部门经过复查，已经正式承认了祝文秀的烈属身份，无锡县民政局已经把她的名字列入当地烈属名单，并自1982年6月起，按烈属待遇逐月发给生活补助费。

为了对祝所提供的材料进行核实和补充，我最近又专程到无锡前洲公社西塘大队新三村，访问了祝文秀的家。那是一所两楼两底的新式农村住房，前临小溪，背负桑园，室内窗明几净，收拾得十分整洁，桌、椅、橱柜、沙发等家具，几乎全部是20年代在北京住家时的旧物，就连窗帘、椅、垫之属，也都是半个世纪以前的精品，说明它们的主人确实是曾经沧海的人物。祝文秀今年86岁了，但眉目清朗，精神矍铄，头脑也很清楚，虽在南方生活多年，还能说一口很标准的北京话。对我提出的问题，她都能一一作出回答。除了记忆力有点衰退，行动稍有迟钝之外，看不出是一位年近期颐的老人。在政府的亲切关怀和担任农村小学教师的儿子、儿媳们的照顾下，她正在度着幸福的晚年。

祝文秀所提供的有关邵飘萍的材料，主要有两部分。一部分是她口述后由祝韶华记录整理的两篇回忆文字，《我和飘萍共同生活的七年》和《关于飘萍的二三事》。这一次我去访问，她又对其中的一些细节作了补充。另一部分是她所收藏的有关邵飘萍的照片和遗墨，这一次去访问，她又对有关的背景作了一些说明。

在她所口述的回忆文字中，值得注意的有以下几点：

一、有关1912年至1913年邵飘萍办《汉民日报》时期的一些情况。

《汉民日报》是邵飘萍参加主办的第一份报纸，由于年代久远，保留下来的材料不多。祝文秀的这批回忆文字中，有一两个片段是和《汉民日报》有关的。它们反映了邵飘萍这一时期办报活动之一斑，对他应对横逆的机智和风趣，也有生动的描写，可以补这方面材料的不足。

二、有关1919年至1920年邵飘萍受皖系军阀通缉，化装逃离北京，转往日本这一年多的情况。

邵飘萍因触怒皖系军阀于1919年8月化装逃离北京，经上海“横渡日本”，担任大阪《朝日新闻》记者，一年后返回北京的这一段经历，不少介绍和研究邵飘萍的文章都有所记载，但是语焉不详。祝文秀所写的材料，对邵这一时期的经历有较详细的介绍。它说明邵飘萍这一次出走的路线，是先到天津，再到上海，然后折返天津，经奉天（今沈阳）、朝鲜去的日本，在日本居留期间，住在大阪的海泉寺。在那里待了半年，1920年秋天，和后去的祝文秀一道经由朝鲜返回北京。并不是从上海直接“横渡”的。祝文中提到的那个“姓朱的”，应即是朱深，后来做过段政府的京师警察总监，当时是段祺瑞控制下的靳云鹏内阁的司法总长。

这一次去采访，祝文秀又对她所写的这一段材料，作了以下的一些补充：

“邵飘萍逃出北京后，先是住在天津。在津期间，继续挥笔撰文，曾经派祝回京通过佣人到《京报》馆取过一些参考用书。

“从天津到上海，也是秘密行动。邵化装成工人，躲在三等车的一个角落里假寐。祝穿了母亲的衣裳，化装成保姆，躲在车厢的另一侧陪着他。

“在上海期间，先是住在四马路的惠中旅馆，开了十四号、十五号两个房间，一间住宿，一间会客。后来嫌开支太大，在白克路（今凤阳路）永年里以每月十元的房费，租了一间亭子间，又向木器商店租了一些家具，住了下来。在上海期间，邵生过一场大病，但仍手不停挥，每天都有大量信件和文稿交祝付邮。在此期间，邵还编写了一部题为《醋溜黄鱼》的时事讽刺剧，交上海各剧团演出，曾经引起轰动。

“去日本，是自上海返回天津，化装坐四等车经由奉天前往的。等车时遭到警察盘问，推说去沈阳探亲，才得放行。

“在日本期间，住在大阪的海泉寺。这是一座香火不盛的小庙，住持的和尚和尼姑是一对夫妻。庙内除供奉菩萨的大殿外，还有余房出租，房客共三家，除他们之外都是日本人。寓楼为两层木结构建筑，周围有花园假山之属。他们住两间，一间作卧室，一间作书房，每月房租20日元。这个地方离邵飘萍上班的《朝日新闻》社很远，往返都要坐很长时间的电车，因为房租比较便宜，才住了下来。

“在大阪《朝日新闻》工作期间，邵飘萍每月的工资仅300日元。他们请了一位日本女佣负责买菜做饭和照顾他们的生活。由于物价贵，收入少，他们每天的菜金限制为一至二元，每饭只有一个菜。有一次邵飘萍忽发豪兴，带祝到一家中国饭店下馆子，只叫了三个菜就索价40日元，吓得他们再也不敢出去吃饭了。

“当时，邵飘萍工作学习都很紧张。每天绝早即起，伏案工作到7点，然后上班。下午4点下班回来后，继续伏案工作到晚上10点才休息。整天不是写文章，就是看书，几乎手不释卷。在日本半年多，除了祝来时到神户去接过一次船，和用两天时间陪祝匆匆地逛过一次东京之外，哪里也没去。他日文十分娴熟，日语十分流畅，客来谈笑风生，语言无滞。在日期间，除了买书，别无嗜好，可惜的是那些书分量太重，回国时不能全带，大部分都留赠给日本友人了。”

邵飘萍一生曾两次到日本，第一次是1914年至1915年，主要是求学，这一次是第二次，则兼有工作和学习两种性质。有关他第二次到日本的这段经历，历来了解得不多，别人没有介绍过，他自己也没有怎么提起过，祝文秀提供的以上情况，对了解邵的这一段经历还是很有帮助的。

三、有关张作霖曾经以30万元巨款向邵进行收买的情况。

以往只知道张作霖是屠杀邵飘萍的元凶，从不知道他还有过对邵进行收买遭到拒绝的事。这件事值得注意的有两点。一是数目的巨大。它比袁世凯称帝时期企图收买梁启超时拿出的20万元，还要多10万元，这恐怕是民国以来数目最大的一笔收买舆论的交易。当然，是没有成功的一笔交易。一是邵飘萍的态度。他没有利令智昏，坚决顶回了张的收买。这次访问，谈到这件事时，祝还补充了这样一个细节：当祝劝邵不要在《京报》上过多地得罪奉张，以免遭到后者的迫害时，邵回答她说："张作霖的那些倒行逆施，我不讲，没人敢讲，就是枪毙我，我也要讲！"一方面不为富贵所淫，另一方面不为威武所屈，由此也可以看出邵飘萍作为一个人民的记者的高风亮节。在旧社会办报，邵飘萍不能免俗，自然也拿过别人的钱，例如冯玉祥的国民军就曾经给过《京报》一定的津贴，只是他不饮盗泉，拒绝接受反动军阀官僚的收买而已。

四、有关邵飘萍和京、津、东北等地联系的情况。

祝文秀在回忆文章中多次提到她奉邵飘萍之命，化装前往京、津、东北等地打听消息和送信的事。祝的文化程度不高，既写不了消息，也写不了通讯，这些活动，除了打听到"白督军"被刺事的那一次以外，都未必与新闻采访有关，倒是与邵当时的政治活动有关。邵对张作霖无好感，但对奉系中以郭松龄为代表的思想较新的那一派还是有联系的。《京报》上就曾经发表过不少赞扬郭松龄的文章。对冯玉祥联郭倒曹倒张的秘密行动，邵也是十分支持的。派祝去东北送信的那一次活动，估计就和这一背景有关。从祝文所描写的情景，也可以看出这些活动在当时的机密性质。

五、有关邵飘萍被张翰举出卖的情况。

张翰举出卖邵飘萍，诱骗他离开东交民巷使馆区致使他被捕遇害一事，汤修慧在《一代报人邵飘萍》一文中也有记载，但是语焉不详。祝文秀也提到了这件事，但同样不够具体。这次去访问，她又补充了以下的一些细节："张翰举在答应帮助张作霖诱捕邵飘萍以前，曾经提出过两项条件：造币厂长和大洋两万元。事成之后，奉方毁约，他不但毫无所得，而且也被抓了起来。"

这个张翰举，绰号夜壶张三，是北京《大陆报》的社长，一个投靠军阀官僚以办报为奔竞手段的无耻文人。出卖邵飘萍以前，他到处拿钱，生活异常阔绰，一个人就有两部汽车，但还不满足，不惜昧着良心用同行们的血来染红自己的顶子。这个卖友求荣的新闻界败类，后来没有得到善终，在一次和著名京剧演员孟小冬有关的情杀案中受到误伤，死于非命。管翼贤《新闻学集成》第六册收录的《北京报纸小史》一文中，载有其事，称他为"野狐张三"。

六、有关邵飘萍和张季鸾交往的情况。

祝文秀有两处提到张季鸾对邵的帮助，一处是在邵遭到皖系军阀迫害时，张建议他到日本去工作一段时期，以避其锋。一处是帮助邵把祝文秀送往日本。说明两人关系密切。这次去访问，祝文秀还补充了以下的一些细节："（一）大阪《朝日新闻》原来聘请的是张季鸾，张把这个机会让给了邵飘萍，并向《朝日新闻》作了推荐。（二）邵遇害后，张对祝文秀和她母亲非常照顾，接她们到天津去住，每月馈送生活费100元，每星期必请她们母女吃一次饭，还经常送票到她们家，要她们看看戏散散心。祝氏母女从1926年到1929年在天津先后住了三年零一个月，在此期间，每逢邵的忌辰，张都要到祝的寓所来慰问，并亲撰祭文，当着祝的面在邵的遗像前一边流泪一边朗读，读毕焚化，以为祭奠。"

大阪《朝日新闻》是日本唯一曾经得过密苏里新闻学奖金的报纸，在国际新闻界有一定的声誉，能够应聘去那儿工作，对于旧时的资产阶级报人说来，是一个难得的机会。张季鸾为了保护邵飘萍，把去那儿工作的机会让给了他，邵死后，又对他的家属如此照顾，这些情况说明，这两位在旧中国的报坛上都颇有一点影响的报人之间，有着不寻常的交谊。他们也确实有不少相同的地方：都曾经是留日学生；都曾经在北京当过记者，办过报；都曾经因为反袁而坐过牢。气质上也有相同之处：都能文善谈，都轻财好友，也都有一点风流倜傥的名士习气。当时的张季鸾还没有接办旧《大公报》，也还没有成为蒋介石的“国士”，他和邵的政治见解虽然不尽相同，但在某些方面还是有不少共同语言的。

此外，祝文秀在我这次访问中，还补充了另外的一些情节，其中值得注意的有以下几点：

一、邵飘萍在浙江高等学堂学习时，每试第一，成绩为侪辈之冠。同班有一位同学出于忌妒，故意把别人的书塞进他的书桌，诬他偷书。校长很了解他，也很爱护他，知道这件事是别人栽赃，曾私下劝他考试时不必太认真，以免树敌过多。他不以为然。

二、邵飘萍在杭州浙江高等学堂当学生时，就和秋瑾、徐锡麟等革命党人有联系。秋瑾被捕前曾写信给邵飘萍，信收到时，秋瑾已被捕遇害，邵曾为之叹息不已。

三、鲁迅曾经到过邵飘萍和祝文秀设在宣内刚家大院五号的那个家，时间大约是在他为《京报》编《莽原》副刊的时候。他和邵一道坐《京报》馆的自备汽车来，来了以后就边喝茶边谈工作，没多久就又同乘一辆车走了。鲁迅来时，邵曾给祝作过介绍，说："这就是鲁迅先生。"

四、邵被押到行刑地点后，转身向奉命前来监刑的军政官员们拱手说："诸位免送！"然后微笑环视现场，状至从容。行刑前，奉命执行的士兵招呼说："请大人跪下！"邵笑着说："还要跪下？"话刚说完，就被击中倒地。

以上这些情节，有的是她亲见的，有的是她当年听邵飘萍自己说的，有的则是她听目击者说的，多数为发表的专著和文章所不载，也是邵飘萍的研究者所不曾掌握的。其中尤以邵和秋瑾、鲁迅有过来往的这两条最为重要。过去，只知道邵参加过民初的反袁斗争，还不知道他从学生时代起，就和秋瑾这样的革命党人有过联系。他和鲁迅在办《京报》副刊和《莽原》副刊时，有过合作关系，通过信，并且同时被列入段祺瑞政府准备缉捕的黑名单，这些情况是大家都知道的。至于两人是否见过面，则无可查考，《鲁迅日记》中也失载。祝文秀所提供的这些材料，不仅有助于对邵飘萍的研究，对秋瑾、鲁迅的研究工作者，也有一定的参考价值。

祝文秀所珍藏的有关邵飘萍的照片，共47张，大部分已移送给中国人民大学新闻系资料室庋藏。其中邵飘萍各时期的单人照片，包括他1919年遭到通缉后化装成工人逃离北京时拍的照片，共14张，他和祝文秀共同生活时合拍的照片共12张；他在日本工作学习时期拍的照片共11张；他遇难后的遗体照片和举行殡殓活动时拍的现场记录照片共10张。除了1922年4月拍的那张半身照曾在《京报》出版的邵飘萍遇难四周年纪念特刊上发表（近年来有关书刊上配发的邵飘萍照片就是根据这一张翻拍的），1919年9月化装成工人拍的那两张照片曾在1924年出版的他的《实际应用新闻学》一书中作为插页发表之外，其他的照片全都没有发表过，是研究邵飘萍一生和纪念这位新闻界烈士的一批极为重要极为珍贵的文物资料。

在这批照片中，最有价值的是他第二次去日本时期拍摄的那11张照片，和记录他遇害后情况的那10张照片。

邵飘萍第二次去日本的那半年多时间，是他一生中十分关键的一段时间。在这一段时间里，他如饥似渴地从日文译著中学习和研究马克思主义，了解和思考有关十月革命和革命后的苏维埃俄国的问题，使他的思想有了一个很大的飞跃。他的那两部曾经对马克思主义在中国的传播起过重大影响的，介绍科学社会主义、介绍新俄国、介绍列宁和斯大林的专著，《综合研究各国社会思潮》和《新俄国之研究》，就是这一时期在日本完成的。关于他第二次去日本这一段时间的情况，祝文秀已经用书面和口头的方式提供了一些，这一批照片则为我们提供了一些形象化的资料。从这批照片上可以看出，邵飘萍在日本的这一段时期，生活是俭朴的，工作和学习是勤奋的。照片中的满架书刊（据祝文秀说，书房的另一面还有一批书报堆在地上，没有摄入镜头），和他孜孜矻矻手不释卷的一个个镜头，就是最好的证明。我用20倍的放大镜对以书架为背景的几张照片作了仔细地观察，发现摄入镜头的架上书刊共有171册，其中书86册，期刊85册。后一部分因为是横着叠在一起，书脊上又多数没有印字，究竟是些什么刊物，已经看不出来。前一部分能够看出书名的有以下十六种，它们是：

《资本论大纲》（风川均等）

《世界大革命史》（野平××等）（×代表看不清楚的字，下同。）

《社会主义论》（安部××译）

《新社会》（第九卷合订本，平民大学编。）

《露（俄）国大革命史》（×××××）

《社会主义研究》（×××××）

《社会问题研究》（×××××）

《劳动组合运动史》（×××××）

《社会问题十二讲》（×××××）

《社会改造之原理》（×××××）

《社会主义社会学》（×××××）

《最近社会思想之研究》（×××××）

《过激主义之心理》（×××××）

《恋爱与结婚》（××××）

《妇人问题与教育》（×××××）

《卖笑妇之研究》（×××××）

其余的已经看不完全或看不大清楚了，但影影绰绰地还可以看得出来多数是社会学、经济学方面的书。照片中的书架上还放有四幅带着镜框的外国人的半身照片，其中三幅究竟是谁，已经难以确指，有一幅是可以看得很清楚的，那就是留着连腮大胡子的马克思。从照片中的这些藏书和陈设，不难想象得出照片的主人当时所向往的和致力研究的都是哪些方面的东西。邵飘萍后期的思想之所以有那么大的飞跃，他对马克思主义、对十月革命后的苏联、对中国共产党及其领导下的中国革命之所以采取那样积极热情的态度，从这些照片当中不是也可以看出一些端倪来吗?

记录邵飘萍遇害后种种场景的那10幅照片，有5幅是在邵飘萍被枪杀后的临时掩埋处拍的，有两幅是在地藏庵的临时灵堂前拍的，有3幅是在他大殓前后的临时停放处拍的，全都不曾发表过。从这些照片中，可以看到血肉模糊惨不忍睹的烈士遗体，可以看到弥漫着惨雾愁云的殡殓活动场景，也可以看到家属们在烈士灵前悲痛欲绝的镜头。看了这些照片，使人们仿佛又回到了充满着血雨腥风的那个可诅咒的时代。屠夫们的凶残，令人发指。历史是不会重演的了，但却是不应该被忘记的。把这些作为那个时代的历史见证的照片保存下来，传给我们的后人，将会使他们更加珍惜革命的果实，更加热爱我们这个绝不容许豺狼虺蜴们恣意横行的美好的时代。

祝文秀所珍藏的邵飘萍遗墨，主要是几幅屏条和一些扇面，内容多是古人的格言和诗词，或写爱情，或谈风月，或抒怀抱，或念故人，没有什么豪言壮语，显然都是信笔挥写的即兴小品，是并不准备当作法书留之名山，传诸他人的。倒是几个闲章值得注意，它们是："邵氏之印""飘萍翰墨""家在三十六洞天""镜清长寿"和"言满天下"。这些都从另一个侧面反映了主人的思想情趣和风采。邵飘萍参加过南社，是这个著名的革命文学团体的成员，他的诗词没有传世，这一部分遗墨所写的也并不是他自己的作品，但可以从中反映出他对古典诗词的爱好。遗墨的一部分也已由祝文秀移送给中国人民大学新闻系资料室庋藏了。

由于文化水平不高，又主要活动在家庭的圈子里，祝文秀对邵飘萍的办报活动和社会活动了解不多，提供不了更多的这方面的情况，她所写的和所介绍的有关邵飘萍的一些材料，也因此有一定的局限。她所收藏的一大批邵飘萍的往来信件、图书资料和文物照片，经过"文革"期间的多次抄家和处理，也大多散失或焚毁，保存下来的仅仅是其中的极少一部分。这是令人遗憾的事。但是，祝文秀毕竟是邵飘萍曾经钟爱过的人，她和邵飘萍共同生活七年，是邵飘萍这一段时期工作生活情况的主要见证人之一。对邵飘萍第二次去日本的那一段经历说来，则是现存的唯一的见证人。在熟悉邵飘萍的人已经不多，各地收藏的有关邵飘萍的文物资料已经大部散失的情况下，她所提供的这些情况和资料，还是弥足珍贵的。它将有助于我们加深对邵飘萍的了解，帮助我们更好地全面地去分析和评价这位在近现代新闻史上有过重大影响的历史人物。

1983年1月

鲁迅与邵飘萍

方汉奇

鲁迅与邵飘萍是同代人，鲁迅生于1881年，邵飘萍生于1884年，相差只有三岁。他们有一些相同的经历：都是浙江人，都是留日学生，都长期从事文字工作。但是，在1924年以前，他们之间没有什么接触。

鲁迅和邵飘萍互相认识，是从筹办《京报副刊》开始的。1924年11月，主编《晨报副刊》的孙伏园因为鲁迅的新诗《我的失恋》被扣发，和《晨报》方面闹翻，愤而辞职。邵飘萍知道后，立即找到孙伏园，邀请他到《京报》来办副刊。孙伏园接受了鲁迅的意见，答应了邵的要求，《京报副刊》就在这一年的12月5日创刊了。新创办的这个副刊，得到了鲁迅的全力支持。他在不到两年的时间内，先后为这个副刊写作了37篇杂文，翻译了五篇文章，都是脍炙人口的作品。这是他们两个人合作的第一个回合。

《京报副刊》打响之后，邵飘萍又约请鲁迅在《京报》上主编一个周刊，鲁迅答应了，这就是1925年4月21日创刊的《莽原》。在鲁迅的主持下，《莽原》作为《京报》的一个周刊，出版了32期。他的《春末闲谈》《灯下漫笔》等41篇杂文和小说，就是在这上面发表的，很受读者欢迎。这是他们两个人合作的又一个回合。

女师大风潮爆发后，鲁迅和其他女师大教员联合在《京报》上发表《对于女子师范大学风潮宣言》，抗议杨荫榆对学生的迫害。邵飘萍除了在《京报》上刊出大量同情学生风潮的消息之外，还亲自撰写了《五七潮杂感》等评论文章，声援进步师生的斗争。五四运动爆发后，邵飘萍立即撤掉《京报》上的英日商品广告，用几个整版的篇幅刊载有关这一运动的消息、通讯和图片，并亲自撰写了《愿国民注意根本问题》等二十几篇时评，谴责帝国主义的暴行。鲁迅则在《京报》上发表了《忽然想到》《杂忆》《补白》等杂文，鼓励中国人民发挥韧的精神，和帝国主义进行长期的坚决的斗争。“三一八”惨案后，邵飘萍在陈毅同志主持的群众大会上慷慨陈词，并在《京报》上发表《诛蟊贼》等著名时评，怒斥横暴凶残的段祺瑞政府。鲁迅则义愤填膺地把“三一八”这一天，称为“民国以来最黑暗的一天”，并在《京报》上发表了《可惨与可笑》《如此讨赤》等杂文，揭露段政府陷害和屠杀革命者的罪行。正因为这样，他们同被段祺瑞的警宪们纳入黑名单（邵名列第16，鲁迅名列第21）遭到通缉。

鲁迅和邵飘萍之所以能够密切合作，是因为他们有共同的政治立场。但是比较起来，在有些问题上，鲁迅的认识更深刻一些，态度更坚决一些。当邵飘萍在评论中指责帝国主义用“赤化”诬人，申辩中国并无所谓“赤化”问题的时候，鲁迅却铁骨铮铮地抗言：“我不解为什么中国人如果真使中国赤化，真在中国暴动，就得听英捕来处死刑？”这是鲁迅的可贵之处。

从结识到分手，鲁迅和邵飘萍只有两年左右的交往，时间是短暂的。但是，他们相濡以沫，互相支持，既是战友，又是诤友。

（原载于《〈光明日报〉通讯》，1983年第2期）

第四辑

深情追忆：莫放春秋佳日去，最难风雨故人来

最难风雨故人来

——记邵飘萍旧闻逸事

吉　红　尤　伟*

“莫放春秋佳日去，最难风雨故人来。”这是一幅珍藏了近60年的楹联。前不久，我们在访问邵飘萍的夫人祝文秀的时候，她深情地、颤巍巍地把它舒展在我们的面前，并噙着眼泪告诉我们：“这是飘萍因逃避军阀的通缉，在逃亡日本和我相遇时赠送给我的纪念品。”提起往事，感情的波浪使她一下子跌坐在一张沙发里，断断续续地向我们介绍了她和飘萍共同生活七年、永远也抹不掉的记忆。

---

* 吉红、尤伟，《无锡日报》记者。

仗义疏财　乐于助人

邵飘萍性格豪放、洒脱、轻财重德，乐于助人。凡是青年人因经济困难来找他，他总是倾囊相助，有求必应。一次邵飘萍去寄信，在路上，为帮助一位青年买书，将自己口袋中的钱全部掏了出来，等他自己走到邮局发信时，才发现口袋中早已分文全无，无奈，只好摘下自己的眼镜，在当铺换了钱才把信发出。

每逢新学期开学，常有一些青年学生因交不起学费而面临失学之苦，邵知道后就代交学费，主动一一周济。有的学生定期前来领取学费，如果到时不来领取，他便着急地在他创办的《京报》上连连刊登启事，催他们及时来领款。当时毛泽东同志在北京大学工作，参加"北京大学新闻学研究会"学习，而邵正是讲授《新闻学概论》的导师。毛泽东曾几次来看望邵飘萍。祝文秀说，她和飘萍住在北京羊皮市胡同时，毛泽东来过好几次。来的时间总是在午饭以后，有时逢到飘萍午睡，毛就在客堂间等候。毛对邵彬彬有礼，邵亲热地称他为"小毛"。两人多次交谈以后，邵知道他经济拮据，曾几次主动在经济上给予帮助。

两条被面　一件衣料

在祝文秀坐的沙发上，披着一条已经磨损的墨绿绸被面；在祝文秀睡的床上，铺着一条满是“彩蝶”花型的绸被。她站起身，动情地告诉我们：这两条被面，都是邵飘萍生前喜爱的纪念物品。前一条被面，是飘萍在日本避难期间哄说身体不好，要祝文秀速去日本。她信以为真，连夜兼程乘海轮到了日本，随身带的就是这条被面。后一条被面，是在北京买的一件慈禧太后曾经穿过的旗袍，后来改制成被面的。她清晰地记得，那是飘萍从日本回国后，着手重修《京报》馆时，飘萍经常接触鲁迅和去苏联大使馆，这一时期，飘萍要祝文秀秘密传递字条和信件。当文秀出去送信时，飘萍总再三嘱咐：穿得华丽些、阔气些。因此，祝文秀索性买了一件慈禧穿过的旗袍穿上。一次，她到东北奉天去送信，出站时，她装出一副贵夫人的派头，拿出粉镜盒子涂脂粉，把秘密信件藏在粉盒的夹层里，瞒过了搜查人的眼睛。

祝文秀多次为飘萍送信，锻炼了她的机灵。一天，祝文秀发觉附近胡同一个姓白的军阀的公馆，忽然增加岗哨，戒备森严。她感到蹊跷，就混过一道道岗哨，到现场去打听究竟，才知这个军阀被刺的消息，回家后，她急速打电话告诉邵飘萍。第二天一早，这条消息就见了报，成为《京报》的独家新闻。祝文秀因而获得报馆赠送给她的奖品：一件质地很好的衣料，至今她还珍藏着。

孜孜以求　手不释卷

“余百无一嗜，惟对新闻事业乃有非常趣味，愿终生以之。”这是邵飘萍经常讲的一句话，也是他终身追求的目标。祝文秀回忆飘萍的日常起居说：“和他生活七年，很少出去逛街、游公园。”邵工作学习分秒必争，孜孜以求。每天凌晨即起，伏案疾书到7点，匆匆上班。下午4点下班回来，又伏案到深夜，手不释卷。邵第二次去日本半年多时间，除在日本《朝日新闻》社工作外，还如饥似渴地译著和研究马克思主义，他的两部专著《综合研究各国社会思潮》《新俄国之研究》就是当时完成的。邵日文娴熟，日语流畅，客来谈笑风生，语言无滞。可是，他竟抽不出时间陪伴文秀去逛逛大阪的闹市大街。

邵从日本回国以后，更加拼命工作，决心把《京报》办成表达公正舆论的武器。他说：“贫贱不能移，富贵不能淫，威武不能屈，泰山崩于前，麋鹿兴于左，而志不乱。”与此同时，他的社会活动频繁。他指导学生出《新闻级刊》；创办《京报》的《图画周刊》；他把《京报》的副刊办得丰富多彩，并增设12种周刊、3种半月刊，其中《莽原》，就是鲁迅先生主编的。此种办报方法，实兼有日报与杂志之长；这种副刊多样化，也是对开创报业的一大贡献。

祝文秀至今怜惜地告诉我们，邵日夜忙得不可开交，有时几日几夜不回，只好信笔挥写一些即兴小品派人送给文秀，借此稍稍放松紧张工作的情绪。祝文秀找出一张保存至今的明信片，我们接过一看，只见一行行清秀的字迹："一天有三个地方开会，归来已夜了，夜间又百忙……真真苦死我了。"

中国共产党领导的"五卅"运动一爆发，邵飘萍彻夜不眠，立即组织消息、通讯、特写、专刊、图片，整版整版地加以报道。在一个半月之内，仅以"飘萍"署名的文章，就达28篇之多。接着，"三一八"惨案发生，他又两夜未眠，写了不少讨伐帝国主义和卖国政府的檄文，强烈要求彻查真相，严惩主凶。不少报界人士称赞说："飘萍每遇内政外交之大事，感觉最早，而采访必工。"飘萍写的文章，"或婉曲披露，或直言攻讦，官僚无如之何也。其胆识、学识过人，是以声誉日隆"。

从容牺牲　悲壮一曲

祝文秀谈到邵飘萍牺牲前后的悲壮一幕，她几乎软瘫在沙发上，完全沉浸在无限悲痛的情绪之中。1926年，41岁的邵飘萍正精力旺盛，全力迷恋着新闻事业。当时军阀混战，民不聊生，飘萍站在人民的立场，对军阀口诛笔伐，不遗余力。他对军阀张作霖的揭露和抨击最为有力，曾经公开指斥他为祸国殃民的"马贼"。张作霖开始时想收买他，曾汇款30万元赠给邵，邵收到后更为冒火，当即将原款退回，并继续在报上对张进行揭露。祝文秀几次委婉劝邵，不要在

《京报》上过多地得罪军阀，免遭不测之祸。邵回答说："军阀那些倒行逆施，我不讲，没人敢讲；就是枪毙我，我也要讲。"为此，张对邵怀恨在心，曾对人说："打进北京后，立即逮捕邵飘萍，但要抓活的。"张身边一个秘书却认为留住邵飘萍，是养虎贻患。张听了之后，当即下令："打进北京后，立即处决邵飘萍。"

4月15日，奉系军阀打进了北京城。邵飘萍来不及逃离北京，只能在东交民巷各国使馆区的六国饭店内暂避。祝文秀对飘萍说："你千万勿轻易出来，外面一切由我周旋。"谁知有人拿了军阀的钱，出卖了飘萍，把飘萍骗出六国饭店，汽车刚刚开出东交民巷不远，就被预伏的军警拦住架走。祝文秀四处打听、寻访，始终找不到他。4月27日，传出了他被惨杀的噩耗，当时祝文秀闻讯，立即昏倒，不省人事。

后来，听当时在场的人说，4月26日凌晨4时，邵飘萍身穿灰色棉袍，外罩黑色马褂，被押到行刑地点后，转身向奉命前来监刑的军政官员们拱手说："诸位免送！"然后微笑环视现场，状至从容。行刑前，奉命执行的士兵招呼说："请大人跪下！"他淡然一笑说："还要跪下？"话刚说完，就被击中倒地。邵飘萍被捕后，早已做好抛头颅的准备，曾写好《飘萍启事》作为绝笔。在启事中，他慷慨陈词，大义凛然，控诉了帝国主义和军阀的罪行。

"飘萍受害后的第二天，记得是4月28日，我的胞弟寿南找到了飘萍就义的地方。"祝文秀黯然神伤地对我们叙述说。"我们一面偷偷地收尸整殓，一面把飘萍的遗孤贵生、祥生二人藏了起来，以防张作霖斩草除根。张贼果真在听到有人在为飘萍料理后事之后，扬言要倒棺割头、碎尸万段。寿南只得将飘萍灵柩东搬西藏，在北京城头上兜了三天，最后安置在北京近郊的天宁寺内。寿南为姐夫熬尽千辛万苦，实在劳累过度了，不幸脑出血，不久也病死在北京。”

“如今58年过去了。”祝文秀在沙发上正了正身体，无限欣慰地说：“飘萍终以烈士身份，做了共产党的挚友、同志，我也光荣地以烈士家属身份分享其光荣，受到党和人民的照顾和尊敬。飘萍九泉有知，也当‘风雨故人来’，魂归来兮！”

回忆邵飘萍

包天笑

邵飘萍，我在最初认识的时期，还没有这个名字。我们只知道他叫邵镜清。飘萍两字，乃是他以后到了北京，在文字上所用的笔名。他的笔名也很多，我所记得的，有阿平、青萍等。后来人家只知道邵飘萍，想是飘萍两字用得多了。当时我说："飘萍两字不好，有轻浮之意。"他说："人生如断梗飘萍，有何不可？"至于青萍两字，到了他被害以后，文人词客，以之与林白水的作对偶，动辄曰"青萍白水"，两个为军阀惨杀的报人了。

我认识邵飘萍，却是先认识他的夫人汤修慧。因为我在编辑《妇女时报》杂志的时候，征求女界同志的文辞，汤修慧即来投稿。她所写的不是诗词之类，却是短短的论文，谈的是教育、卫生一类的事。我起初以为不是她自己写的，或是有床头捉刀人，如毕倚虹夫人杨芬若所为。但后来她来领稿酬，亲来访我，方知确是她自己写的。她是苏州人，寄居于杭州，入杭州的浙江女师范读书的。她谈吐甚佳，既大方，又幽默，我认为在现代女界中是不可多得的。

继而始知其夫为邵镜清。镜清，浙江金华人，也是在杭州求学的，其学历我不详。他俩的有情人成了眷属，当是在西子湖边。修慧在访问我的时候，镜清不在上海。后来他到了上海，夫妇两人同来访我，也常常吃小馆子，旋觉亲密了。不过他们来上海，只是作客，固定的居住地点，还是在杭州。我有时到杭州去，他们夫妇也常来陪我游玩，楼外楼鱼虾一餐，两子湖荡船半日，在所不免的。但飘萍那时候往杭州有何职业，我不知道，他既不言，我也未便问他。只见他好像很忙碌，时而上海，时而杭州。他的朋友很多，我都不认识的。他本来一口苏州话，是他夫人所熏染的，但遇到了他的同乡，这个金华话，实在莫名其妙了。

邵飘萍最初就是一个喜欢搞政治的人，但他从来不与我谈及政治。他有他的许多朋友，可是什么团体都未见他加入。他在杭州时，据说曾与褚辅成等一班人有所谋略，浙江当局认为他是反动分子，曾欲捕其人，后有人为之疏通，汤修慧也奔走其间，这事他也没有和我谈过，是后来有人告知我的。他是个深藏不露的人，怕我是个新闻记者，乱说什么了吧！至于他的从杭州、上海到北京，早先也没有通知我，只是修慧和我说的。那时已在袁世凯洪宪时代以后，五四时代以前，什么日子，我已忘怀了。

一到北京，他就发挥他的新闻事业的天才。那时候，南方人士关于新闻事业而到北京去的有好几种：第一，南方各报馆特派到北京去的通电员、通讯员。北京为政治的重心，当时外国的通讯社，也未能像后来的普遍，如上海《申报》所派的秦墨哂、《新闻报》所派的张继斋等，都是常驻北京发电的。第二，南方人有些政客，或是依附军阀，要伸张他们的权威的，便到北京去开报馆，因为那时在北京开报馆较为容易，不似上海的繁难；所以南方的所谓新知识阶级，都惠然肯来了。第三，至不得已也到北京来搞一个通讯社，倘能筹得1000元，可以办像样的一个通讯社，甚至有二三百元，也可以办起来了。

这三种新闻事业，可以称为三部曲。可是邵飘萍去了北京，还不到一年，这三部曲完全创立成功了。最先就说，为南方各报特约通电与通讯，那是飘萍起初的志愿，恐也受一些黄远庸等的影响。不要轻视那些特约通讯员，他们是很有权威的。譬如说，我们蛰居于上海报馆里，编新闻，写评论，全靠北京通讯员的报告，作为指示的。即使那时有外国通讯社的报告，那是总不及自家靠得住。黄远庸当时是只写文章，不发电报的；飘萍起初是又写通讯，又发电报。到后来是只发电报，不写通讯了。

黄远庸最初在《时报》写特约通讯，可谓名重一时，到了《申报》易主，被史量才夺了去，但黄远庸不忘故旧，在《时报》每月也还有一二篇点缀其间。及至赴美被害，乃成绝笔。

不久，飘萍就设这个京报馆了。我不是说北京开报馆较为容易吗？第一是报址，有许多报馆都是开在自己家里的，那不是省俭得多，便利得多吗？辛亥革命以后，豪门贵族退出京师，巨邸也就不少。飘萍的报馆，就是开在他们家庭里。我第一次到他那里的时候，这地方唤做甜水井呢。第二是印刷，北京有很多印刷厂，这些厂家，都是代各家报社印刷报纸的。好在这些报出纸不多，销数也有限，所以一家印刷厂，可以担任几家报社的印刷。不过，飘萍的《京报》是自办排字印刷的。第三是发行，假如在外国各大都市以及中国如上海等处，报纸除本地销行以外，还要每日发行到外埠去的。北京的报纸，却只着重在京销行，到外省去的寥寥可数，那就省了许多手续（若《大公报》开设在天津乃是例外）。其他在采访、编辑上，便利之处也正多。若在飘萍，则与他的通电、通讯，更有联系之妙呢！

北京特约通讯，系《时报》与黄远庸创始的。这时的《时报》的北京特约通讯，已成空隙了。虽有几位维护《时报》的朋友，偶尔通讯，有所报告，那只是客串性质而已。故邵飘萍正在北京初发展，我就介绍他给《时报》通讯。以文笔而言，飘萍何能及远庸？远庸是个名进士，自八股以至策论，现又受了新文学影响，所谓“腹有诗书气自华”。可是发通电，则飘萍独擅胜场，精密而迅速，无能出其右者。可惜上海的报纸，都是持保守主义的，怕得罪权贵，泄露他们的秘密，不敢重用。

既而又开一个通讯社了，通讯社在北京已是很多了，不是我说有几百块钱就可开一个通讯社吗？他这通讯社附在报馆里，连几百块钱也可以省。原来这些通讯社都有背景，或属于某军阀，或属于某政党，发稿给北京各报馆，以作宣传之用。他有了他的通讯社：一、可与别的通讯社作交换利用；二、可以采取对外通讯的材料；三、可增加自己报纸上的新闻。可称是一举而三得也。其实这些通讯社是可笑的，属于某一军阀的，只为某一军阀说话；属于某一政党的，更为某一政党宣传。他们不需资本，只要有一具日本的油印版，一刀为中国的毛边纸，便可解决了。此外便有社长的薪水、采访的薪水，向他的后台老板报销实在只一人兼之，广东人所谓“一脚踢”，而且东抄西袭，毫不费力。

为什么我说飘萍的为各报馆特约通电，独擅胜场呢？那是我亲知灼见的事。他的发电报，每天有三个时期。上午，如上海各报馆一样，无所事事。

下午三四点钟，报馆及各通讯社的报告来了，那都是普通新闻。他先发一次，往往自己不发，托人代发（其时潘公弼为《京报》编辑主任，常为他代发）。

夜来九十点钟，有些政治要闻，是属于当天公开的，再发一次。这两次都是发的新闻电。如果发第三次电，必在夜间12点钟以后，那就非他亲自发不可，且不拘于发新闻电，常发三等急电，甚而至于可以发密电，也是有的。

有一次，我到了北京，汤修慧邀我住在他们家里。这正是北洋军阀繁盛时期，我觉得飘萍这时交际已经很广，每日下午多半不在家中，夜夜有饭局，什么报馆、通讯社，他都不大问讯。及至夜阑人散以后，回到家里，他才忙了。第一是打电话，他所通电话的那里，都是可以得到政界要闻的几位朋友，大都是出席于政治会议的秘书长，或是各部总长的智囊团，当然那是最好的秘要新闻。不过飘萍是有斟酌的，有的发出去，可称独得之秘；有的觉得关系颇大，只好按住不发的。这些电报，就是在12点钟以后，要发三等“急”电的了。他的电话在书房里，我适睡在后房，因此略知其事；那时我已出时报馆，不与问新闻界事，故他也不避忌我。

住在飘萍家里的时候，有一天早晨，修慧和我说：“今天晚上，镜清要在家里请客。”我忙问请的是什么人。修慧说：“都是那些官老爷，我也不管，也不大清楚。”这个时候，交际应酬场中还是男人世界，凡是有什么宴会，即在家中，女主人亦不列席的。不过修慧所以告我，知道我不能高攀这班阔佬，通一消息给我。我知其意，那天下午就出去访朋友，串门子，吃夜饭，打游击战去了。及至回来时，他们家里还是宾客喧哗，我只见那个孙大胡子孙宝琦，正在兴高采烈地打牌。我便一溜烟地跑到房里去睡觉了。

谈起孙宝琦的打牌，我又有个插曲了。那个时候，北京赌风极盛，麻将牌已是家喻户晓，而舶来品的扑克牌，尤为首都人士所欢迎。至于军阀中这班老粗，还是以为传统的牌九来得爽快。可是这位外交部孙宝琦总长，酷嗜这个方城之戏，但是又打得手段奇劣。他有一个癖性，凡是摸到了中、发、白三张牌成为一刻时，便将这三张牌合在台面上。有一次，起手就得了三张中风，洋洋有得色，照例合在台面上。随后他又摸到了一张中风，也不开杠，也不丢去。及至人家的牌和出来了，他才拈出那张中风来，说道：“谁有小风？台面不见，可是被我扣留住了。”有人问道：“那您合的是什么牌呀？”翻开来却是三张中风，大家都哈哈大笑。这是修慧讲的，她说："他是外交总长呀！怎么如此糊涂？"我笑说："那便是郑板桥所说的'小事糊涂，大事不糊涂'了吧。"

我住在飘萍家的时候，长日无聊，飘萍总是出门去了，修慧说："我们来打个小牌吧！"我们也是常常打的。除我与修慧两人之外，到外面编辑部里找两人便行了。但编辑部里只有潘公弼一人住，还是三缺一。修慧道："我们可以找徐老四。"徐老四何人？那便是凌霄汉阁主徐彬彬是也。本来自从黄远庸被害后，《时报》的特约通讯后起无人，飘萍又懒于写长篇大论的通讯稿的，于是我就介绍徐凌霄，倒也写了有好几年，现在久已不写了。他在北京穷困得很，和飘萍也认识，因为写通讯时，我叫他到飘萍处探访新闻。现在飘萍知他经济困难，在京报馆为他位置了一职。

修慧便命仆人去请徐四爷来，因他住得相近。我因问徐老四境况如何？她说："他这个人太疏懒，不活动，在北京这个地方，正是要手打脚踢，那他就吃亏了。他倒是老北京，一个人住在这里，没有家眷。他弟弟一士，却在天津。是人家称为掌故家的。"正说时，徐凌霄来了，穿了一件旧袍子，双袖都污黑了，真有些落拓不羁的样子。偏有那个修慧老跟他开玩笑，冲着他道："徐四先生！您今天洗过脸吗？"徐凌霄虽别号彬彬，却也是嘻嘻哈哈的。

过了一天，我去访问了徐凌霄，直接到了他的房间里。这间房，既是他的书房，又是他的卧房。桌子上乱七八糟，堆着许多不可究诘的书籍，卧床上张着一个月洞帐子，怎叫"月洞帐"呢？那是四周围全都围住，只在帐门前开一圆洞，人要蛇行而入的，这种帐子，在夏天防蚊最好的，但是北京很少蚊虫，问了他，他说："虽无蚊子，也有一种百蛉子，甚而至于还有蝎子。"那我就不知道了。我以好奇心向那月洞门里张了一张，便觉有一股气息冲鼻而来，不是吴刚砍的木樨香味。再一窥看，则见线装木版的整套书籍与痰盂、茶杯，分庭抗礼呢！

至于他的弟弟一士，我只仅见一二回。他们有个一元聚餐会，我曾临时加入过。何谓一元聚餐会？就是每人取一块钱来，聚餐一次，那时物价廉，有八人至十人，也可以得丰美一席菜呢！座中许多同文同志，可惜我此时都记不起来了。

我到北京不下五六次，有时在天津也就停留下来，那时火车已通，从没有乘过轮船。但最初的火车，还未能联运，即如沪宁为一段，津浦又为一段。直到了联运以后，从上海可以直达北京，这便可以从我住居的爱而近路庆祥里踏出数十步，走进北火车站，登上火车，一直可以到北京东车站下车。名称也改为京沪铁路了，这是何等的便利呀！

到了北京，我总是住旅馆，只不过在邵飘萍家，住了也不到半个月。那时张岱杉先生也曾邀我住到他家里去，那是一个大公馆，排场极阔，仆役众多，我总觉得不便，不如住旅馆自由得多，在天津我也是住旅馆，我为什么有时到了天津便停留下来呢？因为在天津我还有许多朋友，我的老友钱芥尘，在那里开了一家报馆（报名我已忘却），我也在他报馆里住过，帮过他笔墨上的忙。当时天津与北京，就像北伐以后的国民政府迁都后，上海对于南京，做了首都的一个屏藩，因两处都有租界，那些贵官巨商，都似狡兔的在那里营巢窟呢！

我有一次到北京，并不是住在飘萍家里。这一次，从北京回上海的时候，在东车站已经上了火车，飘萍忽来送我！恰遇章行严夫人吴弱男女士，在我车厢隔邻。其时行严在上海大病，夫人急往省视，因托飘萍打电报到上海去。

这一回事，我在前章已经说过了。我们正在谈话的时候，火车却已到了开行的时刻，站长挟了两面红绿旗，走进月台来了，飘萍也就急忙忙跳下车去。

谁知道一次火车送别，早有侦探跟在他的后面，或者是防他搭着火车，离开北京。幸而飘萍很机警，就在送我的当天晚上，避到了东交民巷六国饭店去。

到了明天，不客气地便到京报馆来抓人了，飘萍当然未被抓去。却把京报馆的主编潘公弼捉了去，着他交卲飘萍来，才可释放。

写到此，我还有一个闲笔，也得叙一叙：当飘萍送我匆匆下车时，把他一支手杖遗留在我车厢里。及至发觉，他已在月台上，我即在车窗里将手杖伸出去，但火车已蠕蠕动了。飘萍忙说："不要了！不要了！那手杖送给你，作为一个纪念。"这话不过是一个戏言，这些小事，不足置意。我把这手杖带到上海家里，置诸壁角，我那时不用手杖，60岁以后，渐渐用起手杖来了，也曾买了几支手杖，都不趁手，因觉放在壁角飘萍所赠的手杖，长短适中，提在手里轻松，便取来用了，一直地用着，直到飘萍被害了，也是用着，有两次在电影院里遗失了，也还是失而复得地找回来。几年来流离转徙，一切书稿文物都散失，而独此手杖，长随我身，我今写此稿时，这手杖尚植立壁间，当时飘萍说，给我作一个纪念，真是一种谶言呀！

我回上海，飘萍的那次遭遇，我绝不知情。我还写信到他那里去，谢他车站送别，并告以章行严的病已痊愈，但没有得到答复，这也是常事，“惯迟作答爱书来”，我们也常有此病，何况他是个忙人。迟之又久，在上海报上微露一点消息，说邵飘萍有被捕之说，已避入了东交民巷，至于为什么被捕，哪一个机关要捕他，也没有记载。以我推想，总是在他的通讯上出了毛病，因为人家关于政治秘密，被你泄露出去，那就有应得之罪了，我本想写信给修慧，问问她的实际情形。继而一想不好，人而至于要被捕，必然检查你的来往书信，未可冒昧从事。并且即使我知道了，又怎么样呢？未能于他有益，所以想写又搁笔了。

又过了一个多月光景。我在家中午饭以后，有人打电话来：“喂！你知道我是谁呀？”我一听就听出飘萍的声音，我便问：“你怎么到上海来的呀？几时到的呀？现在住在哪里呀？”一连串的问话。他说：“我刚刚到，第一个电话就打给你：我住在西藏路某一旅馆某号房间（按：所云西藏路某一旅馆，不是远东饭店，我已忘却这旅馆的名称，那只是一个中等旅馆），你可以就来吗？”我说：“我可以立刻来。”他说：“还有一事。我到此旅费已竭，你可以借给我100块钱吗？如不便，少些也无妨。”我说：“可以！可以！”

我想，住这等中级的旅馆，100块钱，可以供一星期之用呢。到了旅馆里，知他住在楼上，门口旅客牌上，却写的是赵先生，赵与邵音相近也，不去管它，推开他的房门，却见另有一位年轻女子在座，飘萍连忙介绍道："这是张小姐，我们一同从北京来的。她是无锡人，要回去望她的妈妈，我们作伴同来的。"这位张小姐，年约21岁，貌仅中姿，看她的态度一切，似为北京胡同中人，并且既是回无锡要看她的母亲，为什么经过无锡不下火车，一定要跟他到上海来呢？后来询之果然，原来飘萍施金蝉脱壳计，在八大胡同里，找到一位相识的，权为临时夫妇，以掩侦者之目，那就是这位张小姐的内幕了。

至此我方知那天东车站送我，即有侦探跟随其后，幸即发觉，遁入东交民巷，明日将潘公弼捕去，都是飘萍亲口告我的。至于为什么被捕呢？与我那时假想的不差，确是为了泄露政府的政治机密？不过当时飘萍还不服气，我记得这还是段祺瑞执政时代吧，飘萍说："这些军阀，鬼鬼祟祟，捣乱世界，设计害民，我偏要撕破他们的秘密。"但究竟是什么一件事的秘密，在何处泄露了他们的秘密，飘萍没有说得清楚，我也未便穷诘他了。人家说："飘萍的通讯机构，不独为报馆，也有个人的。"那是我所未知，也有人说，飘萍对于日本的报纸，也担任通讯的，我更不知道。不过那时中外通讯，并不禁止，日本也有通讯社在中国，北京、天津、上海，还开有好几家日本报社呢。

飘萍来了不到一星期，好像个人经济上已有活动了，于是资遣了那位张小姐回无锡去，他也迁居于南京路一带的高级旅馆。最初汤修慧的来信，都寄到我家里转交的，后来他有了固定地址，就不必由我转了。我曾问过他：“你既出走，而公弼又被拘捕，这个京报馆、通讯社，如何办理呢？”他说：“这个不用忧虑，修慧自能料理。前天她来的信上说，公弼被拘，公弼太太屡次来吵，除了薪水照发外，还有公弼别的进款，也要我们担任。当然是我移祸于他，据说现在也调停好了。现在我们先要把公弼保出来，修慧正在设法办理此事。”我觉得在现代妇女中，如修慧其人，殊不可多得。

飘萍是性情高傲不可抑制的人，他什么人都不买账，但对于修慧却有些吃闪。飘萍与修慧本非原配，他在金华是有糟糠之妻的，不过没有读书识字，深居内地，未免有些土气。他自与修慧结合后，金华也就不回去，好像是离弃她的样子。倒是修慧教人把她从金华接到北京来，与之同居。又，修慧无所育，这原配太太却生了一个女孩子，玉雪可爱，修慧非常爱她，视如己生，这都是寻常妇女不可及处。我住在他们家里的时候，有一天，两人大吵嘴，也不知为了何事。我这个鲁仲连，只好作一个无理绪的排解，最后还是飘萍折服了。

更有奇妙可笑的事。飘萍好冶游，加以他结交的，都是要人幕府所称为智囊人物，可以探取得秘要新闻的人。那就花天酒地，无足为奇，而止于此间，可以在无意中得多少大好资料。于是逛胡同，叫条子，成为家常便饭。修慧不能禁止，便即说：“我也去！”飘萍笑说：“这如何可能呢？哪有带着太太嫖堂子、吃花酒之理？况且满桌子都是男客，而其中却有女宾，似乎成为笑话。”修慧道：“谁敢说是笑话？我就要训斥他们一顿。是谁定了这个法律？只许男人吃花酒，不许女人吃花酒，你们还叫着男女平权，却事事排斥女人！”飘萍无可如何，也只得让她同去。

到了胡同的院子里，飘萍有许多朋友是认得修慧的，真不敢笑话她，只说：“邵太太也来了，欢迎！欢迎！”入席以后，大家都叫条子，她也叫条子（叫条子，即如上海妓院中“叫局”，乃召妓侑酒之意。上海妓院印有局票，此间则用红纸剪成纸条，写所召妓名于上）。这个时候，北京正筹开国会，各省议员云集京师，而上海妓院主政，也派了艳名噪一时的红姑娘，到北京来淘金，时人谓之“南花北植”。修慧就把上海最著名的姑娘叫来，她们不知征召者乃是一位女人。方错愕间，修慧却是一口吴语，先自招呼她们，说自己也从上海来，和她们称道姊妹，一点不搭架子。于是这一班花界姊妹，大家称赞邵太太不置。

但有一次却真闹成一个笑话，要知道北京八大胡同的妓院，是集体的，不似上海租界里的妓院，是散处的。它那里是每一妓院是一个大院落，里面有几十个姑娘，至少也有十几个姑娘，每一姑娘就有一房间，各有领域，未能侵越。

还有一个规矩，别一个院子里的姑娘，不能平白无故到这个院子里来，除非是客人叫条子，那是本院有好处的。再则是客人串门子，带了别院的姑娘来，这个名称，叫作“过班”。那一天，有人请客，飘萍和一二朋友，酒酣饭饱之余，由这个院子，到别的院子串门子去了，修慧也跟了去。北京这种妓院，也带有一些官派，凡是客人踏进门去，便有一个人为之引导，问你找哪位姑娘，便引导到那位姑娘房间去，这种人的名称，叫作“跑厅”。这回修慧跟了飘萍来，那个跑厅瞎了眼睛，以为是带了别院姑娘来了，大呼“过班”，被修慧顺手一个耳刮子，打得那个跑厅鼠窜而逃。

此事非我亲见，朋友告我一时传为笑柄，据闻事后修慧亦深悔之，一个有知识的女子，出手打人，未免有失闺仪，因此也对于飘萍持放任主义，不再步步为营了。女子终是弱者，结果飘萍还是金屋藏娇，自然是胡同中人物。及至飘萍死后，也就“蝉曳残声过别枝”了。

这些琐事我不再述了，再说当时飘萍在上海一住就是三个多月。他在上海本来有朋友，加以我所识的朋友，他也认识了，如余大雄、毕倚虹等，并不寂寞寡欢。北京的事，由修慧给他奔走料理，呼吁疏通，不久，潘公弼也放出来了，他的事也渐渐的消释了。北洋军阀时代是瞬息千变，此长彼消，但看各方面势力如何。不过以修慧的贤能，我觉得飘萍实有些辜负了她。这次飘萍在上海，小有挥霍，所费也不赀，也不得不回北京去了，初到上海借我的百元，也没有见还，想他已囊无余资，或已忘却。直至明年旧历岁阑，忽由某银行电汇我200元，附语云：“岁阑兄或有所需，贡此戋戋。”大似前清封疆大吏，致送北京穷翰林炭敬一般，他就是这样狡狯弄人呢。

第二次要抓他的，便是他送命的那一次了，这个时候，我已几年不到北京，连音问也久疏了。我的朋友在北京的也渐少，偶有人从北京来，传说邵飘萍仍很活动，意气飞扬，不可一世。而这时也正是军阀们战斗纷乱的时代。所以我直到飘萍死后，综合朋友所报告，略知其颠末。

据说第二次要抓他时，飘萍也早已有所觉察，也似第一次的避入东交民巷。但对方并没有像第一次到报馆去捉人，那时潘公弼是否还在他的京报馆，我可不知道了。

所以飘萍虽然有即将被捕的风声，对方却不露声色，好似没有这件事一般。但飘萍仍小心谨慎，躲在那里不敢出来。迟之又久，一点没有影响，觉这事已经松劲了。飘萍以思家心切，有几次在深夜溜出来，到了家里。他不但有大公馆，还有小公馆，东交民巷冷冷清清，凄凄切切，哪里有家里温柔乡之好呢？

有一天，他从东交民巷出来，遇到了这个倒毒鬼——夜壶张三、张翰举（此人在北京，亦开一家报馆，为军阀们的走狗，夜壶张三这个绰号，是北京胡同里姑娘所题赠的，说他口臭专说脏话也。这个人，后来为了女伶孟小冬事件，做了梅兰芳的替死鬼，丑史甚多，兹不赘述）。张翰举向飘萍道："你早没有事了，我深知道，何必再躲躲闪闪呢？"飘萍因为知道他常奔走于这些军阀之门，常能刺探些消息，因此有些信他的话。而且好久以来，对方一点没有什么举动，躲在东交民巷，要到何日为止呢？所以他放大了胆子，住到家里来了。

谁知对方并未把这事放得轻松，张翰举哪里会知道这种事，只不过他在自己瞎吹，以为他能在那里参加机密，出来傲示于人罢了。飘萍从东交民巷出来，早有侦探追随其后，经详细侦查，确知飘萍那夜住在家中。便拦门捕捉，把飘萍押上囚车去了。那时候，北京的势力属于奉派，张宗昌、张学良均在北京，军政执法处是王琦，就是他奉命捉人的。飘萍捕去了，家人惶急，朋友们极力想法援救，但是无济于事，当夜已在东刑场秘密枪决了。

有人问："邵飘萍到底犯了什么罪呢？"说是共产党。问："有什么证据呢？"却是没有。那时候，这些凶残的军阀，不问捉到任何他所敌对的人、痛恨的人，给他一顶红帽子戴，说是共产党，也就完了。甚至于自己的姨太太，红杏出墙有了外好，捉了这个男人来，也说是共产党，枪毙了。但是飘萍究竟总有他们所视为犯罪的原因的，他只是一个新闻记者，为什么既无告发，又不审讯，便把他处死？这是否其中有不可告人的事，难于宣布呢？

据友人传述，略可置信者有二事：一为泄露军事秘密，这件事，大家可以意想到的。在此争权夺利的世界，以飘萍的职业与他的大胆，即因此而把生命牺牲了，又何足怪。一为他虽然不是共产党而与共产党联络的，时人谓之"亲共"，这也难于否认。因为飘萍当时交游既广泛，思想又激进，不知不觉地他们就目为"同路人"了。还有一说：飘萍近与冯玉祥甚为接近，玉祥是到过莫斯科的，更传说冯玉祥与他有经济关系的。凡此语言，都成为飘萍催命之符，这次罹祸，是否因此，亦难断定。

再要问：北京那时是奉派的天下，张宗昌、张学良都在北京，王琦不过是执行死刑的人，主动的究竟是谁呢？可是多数人说张宗昌，少数人说张学良。这也不难推想，张宗昌为了林白水丑诋潘复为肾囊，只一句话便说："毙了他！"簇新鲜的事儿，可以作为旁证，而况执行者又是那个刽子手王琦。至于张学良似乎不像张宗昌自称老粗，绿林大学毕业，而比较有深谋的人。飘萍出事后有许多平日拥护少帅的人，都为之分辩。但有一客云："为了疑心他夺权而杀了他的父执杨宇霆，又何惜乎这一个新闻记者呢？"飘萍死矣，至今还成一个谜。

回忆老报人邵飘萍

郑逸梅

邵飘萍其人，对我来说，并不陌生，但也不够熟悉。我所知的，他原名镜清，飘萍是他的笔名，有时署阿平、青萍。那青萍的名儿，更为巧妙，原来同时有位林万里，号白水，从事新闻工作，倡言无忌，触犯了万恶的军阀，而被借端杀害，因此“白水青萍”，成为一副对子了。飘萍是浙江金华人，生于1884年，死于1926年，仅41岁，倘不死于非命，正是有为之年，尚有一番事业可做哩。

我为什么说对他并不陌生呢？飘萍是南社成员，我前几年为上海人民出版社撰《南社丛谈》，曾给飘萍写过传略。又我以前担任肇和中学的课务，该校校长姓关，他和飘萍的妹妹一萍和一萍的丈夫何汉文相稔。一萍工画山水，又擅花卉，一度在上海举行画展，由关校长介绍，约了我和一萍会晤，参观了她的数十件作品，花鸟流妍，林岚殊色，为之引企清辉，倾佩无量，即为她写了一篇宣传文章，在报刊上发表。此后又从包天笑前辈处，得知飘萍夫妇的遗闻逸事。天笑前辈年老不出门，拟把飘萍的遗物——一根手杖转赠给我。这时他远在香岛，没有便人带来，也就作罢。凡此种种，飘萍其人，兀是在我头脑里萦系着，留了一些印象。

天笑前辈和飘萍结成友谊，往还很密，彼此熟不拘礼，那是有一段经过的。天笑认识飘萍，是他的夫人汤修慧介绍的。修慧很贤能，又善文墨，喜欢投稿。这时天笑应狄楚青的邀请，担任《时报》的副刊编辑，又兼编《妇女时报》，那是一种定期杂志，既以妇女为名，当然欢迎妇女的作品。但其时风气未开，闺阁笔墨，秘不示人，所发表的，大都是男子所作，化名某某女士。即使真的是妇女，也往往幕后有人捉刀。修慧却是例外，笔下很来得，又和天笑是苏州同乡，她寄寓杭州，肄业杭州的浙江女子师范学校，经常写些教育、卫生方面的短文，其中适合《妇女时报》体裁的，她一篇篇寄去，一篇篇照登。她是落落大方的新妇女，一次来到上海，便去拜访编辑包天笑，天笑和她一接触，知道她颇有文化，这些文章确是出于她的手笔，因而对她非常欢迎。过了几个月，她和飘萍同来上海，便偕访天笑。谈得很投契，天笑请他们夫妇俩吃小馆子，盘桓了数天才回杭州。有一次，天笑游杭，他们夫妇俩竭诚招待，到楼外楼吃醋溜鱼，荡舟三潭印月，进白莲藕粉，进一步加深了友谊。

1912年，飘萍在杭州，和杭辛斋创办《汉民日报》，经常在报上揭露贪官污吏与地方豪绅的丑行。对袁世凯盗民国之名，行专制之实，加以尖锐的讥讽。袁氏于1914年，将《汉民日报》封禁，飘萍流亡日本，组织东京通讯社。当1915年初，日本向袁氏提出丧权辱国的“二十一条”，首先在外国报刊上透露，飘萍立即驰报国内，从而激起全国人民对袁氏的愤怒声讨。1916年邵飘萍回国，任《申报》《时报》《时事新报》通讯员。他任《时报》通讯员，就是由天笑介绍的。1918年，他创办新闻编译社，同年又办《京报》。他在《创刊词》上写着“必使政府听命于正当民意”。五四运动爆发时，飘萍激于爱国义愤，在报上公开揭露曹汝霖、陆宗舆、章宗祥的卖国罪行，触怒了段祺瑞政府，下令查封《京报》。

《京报》被封后，他再度往日本，过了两年返国。《京报》复刊，请潘公弼为编辑主任。公弼，上海嘉定人，曾任《时事新报》经理，也是老报人，时凌霄汉阁主徐彬彬赋闲着，飘萍也在《京报》社，安排了他一个位置。天笑到北京，经常住在飘萍家里，长日无聊，便和汤修慧、潘公弼、徐彬彬打小牌消遣。飘萍忙得很，日间总在外面交际应酬，有时逛妓院，因为这儿颇多官场中人，在谈笑中可以探得些政治消息，充作新闻资料。

飘萍疾恶如仇，反对帝制派，反对大军阀和一些卖国贼，被拘禁了多次，释放后还是把笔墨当作匕首，锋利无比，所以他到哪里，侦探跟到哪里。这些侦探化了装，很隐秘。有一次，军警到《京报》馆来抄查，飘萍不在馆中，却把潘公弼捉将官里去。修慧能干得很，四出疏通和呼吁，公弼居然给她保释出来。飘萍暂来上海，经济很窘，向天笑告贷，意志还是坚强不屈，对天笑说：“这些军阀，鬼鬼祟祟，捣乱世界，设计害民，我偏要撕破他们的画皮。”过了一个时期，飘萍又到北京，照样活动，照样应酬。那些军阀，尤其是张宗昌，对其恨之切齿，欲得之而甘心，表面上不露声色，若无其事，暗中派了密探，亦步亦趋地跟踪着。可是飘萍警惕性很高，觉得不对头，避居东交民巷六国饭店，不敢贸然外出。他在那儿住了好多日子，思家心切，深夜偷偷地回到家里，天没亮再赴东交民巷。有一次，在东交民巷出来，碰到熟人张翰举，张告诉飘萍，“外间已没有什么风声，事已过去，你何必这样顾虑，自讨苦吃？”飘萍信以为真，回家会友，弛其防卫。没有几天，在一个晚上，一些狐假虎威的军警，直闯进来，拔出手枪，强迫飘萍登上囚车，张宗昌立命他的鹰犬王琦，把飘萍枪决。他的夫人汤修慧潜避他处，以防株连。直至1928年，北伐军到了北京，汤修慧复刊《京报》，以纪念飘萍。并刊印了飘萍的著作《失业的问题》《各国社会思想》等。

上面不是谈到飘萍的遗物一根手杖吗？这根手杖，怎么到了天笑手里，也得带一笔，作为说明。一次，天笑由北京乘火车回上海，飘萍买了一张月台票，亲自送天笑上车，依依惜别，讲了许多话，及听到开车信号，飘萍急忙下车，遗忘了手杖，天笑立即把手杖伸出窗外，请飘萍来接。奈车已驶动，飘萍扬着手说：“不要了，不要了，这根手杖给你留作纪念吧！”果真这是最后一面，人亡物在，作为纪念品了。

公家为了纪念飘萍，把北京宣武区魏染胡同他的故居，重加修葺，供人瞻观。

最近，友人安健从无锡来沪，与我谈及飘萍当时还有一位夫人祝文秀，今已80多高龄，尚寓居无锡郊区，安健曾去采访，得知一些飘萍有关的佚事。文秀早年是一位京剧演员，略有一些小名气，飘萍观剧，很赏识她，颇思委禽娶纳。可是文秀认为飘萍是报界中人，不符她的理想。飘萍却认识文秀的母亲某氏，某氏能作几笔国画，飘萍便经常带些名人画册，赠给她，她很为欣感。有一次，飘萍不知从哪里物色到一幅摹仇十洲的仕女画，设色蓓丽，仪态万方，更逗某氏的喜爱，便怂恿其女随伺飘萍，成为佳偶。飘萍得暇，教之读书，因此具有相当文化，曾与飘萍到过日本，摄有照片，今尚留存。据闻，飘萍被害，马连良为之收尸，遗体亦留一照，右眼下有一洞，即饮弹的创痕。又有一墓地照。这些东西，文秀匿藏了数十年，直至飘萍昭雪，列为烈士，才敢出以示人。至于文秀早年的倩影，上面有飘萍亲笔题着“七妹留念”四字。人们以为她是飘萍第七个夫人，实则不然，所谓七妹，是文秀在家为第七个女儿而已。这个倩影，文秀也保存着没有失掉。所居处且有一书桌，一旋转椅，都是飘萍生前所用的家具，今则旋椅的足，以越年久远，被蛀虫所蛀蚀，失其效用了。又飘萍生前，和张季鸾相友善，及飘萍死，文秀生活很苦，季鸾怜悯，月致生活费，文秀非常铭感，但她不肯受例外的惠贻，坚辞不取，结果却不过情，只得留存不用，积有若干数字。一日，季鸾忽来，向她商恳说：“近正做着一注生意，手头尚缺数百金，能否和你相商，挪移一下，以供急需，容日后奉还。”文秀当然慨允所请，如数与之。大约过了一二个月，季鸾欣然往访，奉还借项，且云：“这注生意，获得意外利润，你相助一臂之力，应得半数，这是你分内之钱，由你贴补家用吧！”事后，经文秀调查，才知季鸾做生意，并没有这回事，无非故弄玄虚，务使她取之心安理得罢了。季鸾重生死之谊，的确可以风世。

邵飘萍夫妇

徐铸成

梁任公（启超）是清末维新运动的闯将，又是一个卓越的新闻工作者。他在先后主编的《时务报》《清议报》《新民丛报》上，发表了不少政论文章和夹叙夹议的通信，文笔通俗（按当时的文风来衡量）、畅晓，“笔锋常带感情”，开一代之文风，对以后的新闻写作，影响尤大。这些文字，后来收入《饮冰室文集》，也曾成为我们这一代青年所爱好的读物。

但他是一个学者，又喜爱参加政治，新闻只是他的副业，或者说只是他政治活动的一种手段而已。

真正以记者闻名的，首先是辛亥革命后的黄远庸和刘少少，尤其是黄，他为《申报》《时报》写的特约通讯，记事则原原本本，状人都栩栩如生。他也是维新派的一员，曾参加梁启超等组织的进步党（被袁世凯利用来对抗孙中山、宋教仁领导的国民党）。1915年袁世凯的帝制阴谋日益显露，黄为摆脱罗网（袁强迫他担任御用报纸《亚细亚报》的总主笔），逃往美国，不幸被狙而死（据说是爱国华侨认为他是袁党，出于义愤而加暗杀）。他留存的《远生遗著》，既是民国初年政治斗争的实录，也是一部新闻名著。

以后，则首推邵飘萍。辛亥革命后，他就从事新闻工作，1912年起，在故乡杭州（他是浙江金华人）与杭辛斋合作创办《汉民日报》，不久，杭入政界，当旧国会议员，报纸实际由飘萍独力负责，他坚决站在进步方面，揭斥袁政府的种种阴谋。

“二次革命”（即讨袁之役）失败后，《汉民日报》被封，他东渡日本，习政法，并于课余创办通信社，投寄国内报纸，内容大都为揭露日阀侵略野心（特别是“二十一条”），唤起国民注意。

1916年袁世凯帝制失败，惭恨而死，飘萍应《申报》之聘，回国担任该报驻京特派记者，写了不少脍炙人口的通讯。他还创办“新闻编译社”，并在北京大学及私立平民大学新闻系授课，他的讲稿后来编辑出版《新闻学总论》和《实际应用新闻学》，可以说是我国最早也是最好的结合实际的新闻著作。

1918年创刊《京报》，对五四运动和在此以前发动的新文化运动，起了宣传、推动的作用。以后，一直对北洋政府及一切复古、保守势力，进行不屈的斗争。

1924年第二次直奉战争，直系政府垮台，中国政局又面临一个关键时刻。在反直系的三角联盟（孙中山、段祺瑞和奉系军阀张作霖）中，段、张一心想全面恢复北洋军阀的统治体制，在帝国主义的支持下，准备召开“善后会议”和“关税会议”，对内镇压，对外屈服。冯玉祥一派国民军，则主张迎孙中山北上，共商国是。已与中国共产党联合的孙中山，毅然北上，并提出召开国民大会，取消不平等条约、关税自主等主张，受到广大人民的拥护。到京后，因受到段、张等的抵制，于1925年逝世。翌年3月，段、张勾结帝国主义，利用《辛丑和约》，对付国民军，镇压学生的爱国行动，因此，造成了“三一八”惨案，爱国群众死伤达200余人。当时，《京报》鲜明地站在进步方面，揭斥军阀和帝国主义的阴谋，飘萍写了不少义正词严的报道和文章。

1926年3月，国民军退出北京，奉系军阀控制北京政府，宣布通缉李大钊、鲁迅等48人，飘萍亦在其内。飘萍不幸被捕，旋即被枪决，一代报人，以身殉职！

我在中学时代，就喜欢看《申报》的飘萍北京特约通讯。到北京进大学那一年（1926年）上半年，听到邵飘萍先生被奉系军阀杀害的消息，十分愤慨。到北京后，看到《京报》还照常出版。我还在《语丝》中看到鲁迅的文章（当时鲁迅已南下赴厦门），不时提到飘萍和《京报》副刊。看到《京报》，总觉得有一种“人亡物在”的感情，特别爱好，虽然已看不出它有什么特点，似乎趋于平淡了。

1929年夏，我第三次赴太原采访，正当时局又面临一微妙关头，冯玉祥还被阎锡山软禁于五台建安村，而阎锡山和蒋的关系似乎又发生了裂痕。各方代表云集，采访工作相当紧张。一天的傍晚，我回到正大饭店，正预备休息一下就去吃晚饭，茶房进来说：“住在某号的汤先生请你去一趟。”

站起来迎接我的是一位微胖的中年妇女，一开始她就微笑地说：“你在这里采访很活跃呀，《大公报》的电报和通讯我都拜读过了。”经过照例的寒暄，才知她就是飘萍夫人汤修慧女士。她继承飘萍的遗志，把《京报》这副担子独立挑起来，在那样的年月，真是不容易。

她请我在旅馆餐厅里一起进餐，席间，问了我一些新闻和工作情况，然后说，“能不能便中也给我们打些电报？”她看到我有些迟疑，微笑地接着说：“我知道你们《大公报》的规矩，记者是不能兼职的。你放心好了，我们不要你的特殊新闻，只要一般的公开消息，简单地打个电报。”态度这样诚恳，我只得答应了。

吃完饭，她交给我《京报》的发电执照（凭这个发新闻电，每个字三分，由收报人付费），并说：“我明天就回去了，一切费心。你回京后，请常来《京报》谈谈。”说毕，又取出了100元给我，说：“这算是补贴一点车马费吧。”我还来不及推托，她就告别了。

以后，我还在太原住了约一个月，曾为《京报》打了十几次电报，写过一两段简短的通讯。至于这100元，就在太原买了一只手表。这是我生平第一只手表，后来，我大儿子上中学，小儿子结婚，都还戴过，仿佛成了“传家宝”。

就在那年秋天，我回家结婚。假满，被调至天津工作，月薪虽一下由30元“跳”到70元，但维持一个小家庭也常感拮据。不久，我妹妹又来津上学，眼看孩子快要出世，常不免寅吃卯粮，靠借支度日，也曾几次把妻子带来的一点首饰送进当铺。正在这时，汤先生给我汇来一笔钱，请我兼当《京报》的驻津记者，有新闻时，给北京报馆挂个长途电话。工作是轻松的，每月有几十元，也的确是雪中送炭。但干起来，困难也不少，首先，我只编过教育新闻，天津人地生疏，又不负采访的责任，一般新闻无来源。其次，电话怎么打呢？自己装不起，又不能在报馆里打。最后，想出了一个法子，教育新闻版一般在10点半钟就可以看大样了，而劝业场商场有一家弹子房深夜还继续营业；我从晚报上看到一些认为值得发的新闻，就“光临”这个球房，先挂个北京电话，一面打球，一面等电话叫通。

真是“天下没有不透风的墙”，这样做了约两个月，胡政之不知怎么知道了，他一天找我个别谈话，很关切似的说：“听说你夫人快要分娩了，家里开支要增加了。我已关照会计科，从本月起，你的薪水改为100元。”他绝口不提《京报》的事，而我是“瞎子吃馄饨”，肚里有数的。第二天，就写信给汤先生，抱歉地把这事辞谢了。

的确，《大公报》有一条“戒律”，职工一律不准在外兼任“有给”职，“一经查明，立即开除”。但是，我明明一再犯了这条“戒律”，这位铁面无私的老板，却给我加了薪。可见，“戒律”有时也是“活学活用”的。他认为你这个人有用，也就掩盖过去了。

同样，《大公报》的章程中，首列“不党、不卖、不私、不盲”这“四不主义”的“戒条”，第一点就是不许职工参加任何党派。但“为了工作的需要”，不仅容许，而且胡政之还设法帮助驻南京的特派记者，去兼《中央日报》的编辑主任；驻上海的特派记者，兼任

《民国日报》的编辑。并且都被鼓励参加了国民党。最后，连社长吴鼎昌也参加南京政府，担任了“有给”职——实业部长，开口闭口，也不离“我党”了。他虽然登报“声明”辞去《大公报》社长的职务，事实上不是还实行着“遥控”吗？

我在平、津工作这几年，特别是住在北京时，公寓在香炉营，离《京报》所在的魏染胡同近在咫尺，但总觉得汤先生的关怀多，而答报太少，只去《京报》拜访过一次。《京报》的总编辑潘劭昂，是潘公弼的兄弟，一直在飘萍先生指导下工作，飘萍逝世后，始终坚持这个岗位，我也只在电话里和他接触多次，直到抗战后期，才在重庆碰面，那时，他在饱经风霜之后，看来已情绪消沉，终日酒杯不离手了。

重见汤先生，是1940年在香港。“七七”事变后，她毅然把《京报》停刊，并抛弃了全部资财、产业，只身逃出被敌人包围的故都。到港以后，赖振济会的一点微薄的救济勉维生活。她介绍她的女婿郭根到《大公报》工作。提起郭根，我也可以说一段“老话”。我在北京住公寓时，常看到一位女学生来找对门的一个修长的青年，公寓的“伙计”当作一件秘闻偷偷告诉我：“他们都是师大附中的同学，女的就是《京报》老板的女儿。”十几年过去了，郭根早已毕业于山东大学，而这位邵小姐，生了两三个小孩，已经夭亡了。

此后，郭根曾和我一起化装逃出被日军占领的香港，先后在桂林、重庆《大公报》工作，后来也参加过《文汇报》，一度任总编辑，并担任过驻北平记者，长期和我合作。

汤先生在香港沦陷后，也流亡到了桂林，我们还不断见面，有一次，她看到我喜欢养鸡，特地把她豢养的一窝纯毛白鸡送给了我。1944年桂林吃紧时，鸡都长大了，每天下的蛋有满满的一大碗。曾杀过一只，但孩子们都不肯下箸，说看了它的眼睛就像活着的一样。结果，我还没有逃出桂林，鸡就被进驻的国民党军捉去，一夜之间杀光了。

汤先生后来也逃到重庆。抗战胜利后，一直没听到她的消息。最近才知道，她已届80余岁的高龄，精神还好，正在整理飘萍先生的遗著，回忆有关《京报》的史料，祝愿她健康长寿，亲眼看到飘萍先生曾为之努力并牺牲性命的伟大祖国日益安定团结，富裕强盛。

还想到一个故事。大约在1929年，北京报载一件轰动的社会新闻，说有一个“神志失常”的青年，到无量大人胡同梅兰芳先生的寓所，指名要面见梅先生。当时，梅处有一个叫张三的在座，便自告奋勇地愿意先出去看看来客，代为敷衍。想不到他出去刚说几句话，那个青年就拔出手枪，一下把张三打死了。以下，自然是军警赶到，把凶手逮捕法办。

而这个张三，据说是有名的“京油子”。当年奉军进京后，声言要逮捕“三一八惨案”的“赤化”分子，飘萍先生闻风已匿居东交民巷。是张三打电话到六国饭店，说没有事了赶快出来吧。飘萍正挂念着报馆和家事，听信了这个帮闲的话，汽车刚开出东交民巷，预伏的军警一拥而上，架到了宪兵司令部，不几天就被难了！

（选自《报海旧闻》，上海人民出版社）

我和飘萍共同生活的七年

祝文秀　口述　　祝韶华　记录整理

我因飘萍惨遭杀害，受到严重刺激，体质较弱。关于飘萍同我共同生活七年中的经历，在具体的时间、地点、人物诸方面，都一时不易回忆，只能叙述些简要的经过。

我21岁那年的夏季，汉口闹水灾。当时，我正在北京一戏班内排戏，准备为救灾进行义演，由我结拜二姊姊的伯伯（他是飘萍年轻时的老师）介绍，我与飘萍初识。开始不知道他做什么工作，后来才知道他是办报的，是新闻记者，有人因此劝我不要嫁给他。相识以后，他经常来看我和我母亲，对我和我母亲都非常好，这样的情况维持有一年多的样子。

我23岁那一年的春天，由母亲做主，和飘萍在北京举行正式婚礼。婚后，我们之间在感情上有了进一步的发展。他每天工作非常忙碌，经常有人来看他，毛主席就是其中的一个。当时毛主席还是一个青年学生。当年初冬的一天，飘萍突然不告而别。后来才知道他逃离了北京。约两天后的夜晚，飘萍挂电话给我，在电话中称我阿文，说：“我在天津，你快来吧！”我当即在天亮之前乘上火车到天津。到天津后，我问他为什么要离开北京，他说北京有个姓朱的要抓他，为避免遭到不测，只好先躲一躲。就这样，我和他就在天津一所外国人开的旅馆里住了下来。我照顾他的生活，他继续写他的文章。有一天，为了写文章需要参考，飘萍要我回北京去取几本书来，我临走时，飘萍叮嘱我要当心眼线盯梢，要我一旦碰到，就想法甩掉他，要我机灵一点。为了避免被人盯梢，我不乘客车，设法改乘敞篷货车到北京，半路上碰上了倾盆大雨，浑身淋得好似在河里捞出来一样。到了北京，去《京报》馆拿了他所要的书籍等物，回到天津，刚出站台，突然在我身旁有一个人力车夫问我：“你是祝小姐吧！”这时，我吓了一跳，心想坏事了，我被人盯住了，正在盘算怎样摆脱时，没想到在车夫的后面出现了飘萍，他接过我手中的东西，并低声说：“你快乘上这位车夫的车子走吧！”回到旅馆后，我问飘萍：“这是怎么一回事呀？”他说：“这是锻炼锻炼你哪，今后还有很多事要你帮着做呢！”

后来，感到在天津待下去不够安全，那儿离北京太近，姓朱的正用赏格设法捉拿飘萍，因此我俩又被迫逃离天津，化装上车，前往上海。到上海后，先住旅社，后来嫌费用太大，改为租房子住。在上海期间，那个朱某仍然纠缠不休，于是由张季鸾先生出主意，让飘萍一个人先到日本去。这年年底他决定去日本。为了避免引人注意，飘萍化装成工人，我打扮为女佣人模样，一路上由我小心护送至奉天（今沈阳），他转乘火车，离开祖国到异国去生活，我仍回北京与母亲和弟弟在一起。飘萍在日期间，经常寄他的近照和一些小玩意儿给我，也经常托他同乡的一位名叫陈和尚的人来看望我，了解我的生活。当他得知我生活比较清苦时，就来信哄我说他身体不好，要我速去日本。我信以为实。那时，我23岁，在张季鸾先生的帮助下，我在上海乘上日本人的海轮，到了日本，刚刚踏上码头，他就来接我了，我俩又高兴地见面了。我们住在大阪的海泉寺内，共同生活着。飘萍每天要到朝日新闻社上班工作。公余他也抽时间教我识字学文化。他常对我说："你要好好学文化，将来可做我工作上的帮手，成为我的一只手臂！"

时间过得很快，半年后的一天，收到家信，说朱某已垮了，我俩就高兴地收拾东西准备回国。飘萍为了激发我的爱国主义思想，特地陪我绕道朝鲜，在朝鲜逗留了一天，让我看看朝鲜人民亡国后的悲惨情景。他对我说："朝鲜亡于日本，人民成了奴隶，没有自由，生活不如牛马，多么痛苦啊！自由不自由，独立不独立，这可是关系到世世代代子孙们的大事啊！"他又说："中国如果不迅速改变局面，也很危险，也会像朝鲜一样的亡国的。"因为绕道朝鲜，多走了点路，我们的路费在半路上就花光了，最后不得不把我手上仅有的一点首饰当在奉天的当铺里，才回到北京。

回国后，飘萍即着手重修《京报》馆。本来《京报》是请印刷局代印的，后来感到许多不便，决定增添设备，自己印报。此后，他在

《京报》上陆续发刊大量鲁迅等人的文章及介绍社会主义苏联和马克思主义的文章，并开始经常到苏联大使馆去。这一时期，我经常为飘萍秘密传递字条和信件。当我出去送信时，飘萍有时要我穿得华丽一点、阔气一点、派头一点，有时要我穿得朴素一点、普通一点；同时还关照我要镇静、从容，随机应变。有时我也为飘萍采访一些新闻。我26岁的时候，有一天，我家附近的一个姓白的军阀的公馆，忽然增加岗哨，戒备森严。我觉得有点蹊跷，就装成不懂事的小毛丫头的样子，混过一道道岗哨，到现场去打听究竟。因为个子小，被岗哨们当成在附近住家的小女孩，没有阻拦，终于挤到跟前，了解到这位军阀及其全家被刺的消息。回家后，我急速打电话到《京报》馆给飘萍，报告了这一消息，这时已是深夜，第二天一早这条消息就见报了，成为《京报》的独家新闻，我因此得到了报馆赠送的一件奖品，那是一件质地很好的衣料，至今还被我完好地保存着。

当时军阀混战，民不聊生，飘萍站在人民的立场，对军阀口诛笔伐，不遗余力，而以对张作霖的揭露和抨击最为厉害，曾经公开指斥他为祸国殃民的“马贼”。张作霖知道邵飘萍是一个有才能的人物，曾汇款30万元，赠给邵飘萍，想堵住他的嘴。飘萍收到后更为冒火，当即将张的30万元汇款退回，并继续在报上对张进行揭露。张对邵十分怀恨，但还爱惜他的才干，曾在一次会上提出：“打进北京后，立即逮捕邵飘萍，但要抓活的，我们需要这样的人才。”张身边的一个参谋说：“大帅！留住邵飘萍，可是养虎贻患啊！”张听了之后，当即下令：“打进北京后，立即处决邵飘萍。”

事情发生在我30岁那年的春天。张贼打进了北京城，飘萍来不及逃离北京，只能在东交民巷各国使馆区的六国饭店内暂避。当时，我对飘萍说："你就在六国饭店内住下，切勿轻易出来，外面的事由我来尽力应付，有什么情况随时和你联系。"飘萍这样在六国饭店内住了下来，并继续为《京报》写社论，评论时政。当时，北京新闻界有一个叫张翰举（绰号夜壶张三）的人，拿了张作霖的钱，出卖了邵飘萍，欺骗他说："外面一切都替你疏通好了，你放心出来吧，保管没事！"飘萍信以为真，一天傍晚走出六国饭店，汽车刚刚开出东交民巷不远，就被预伏的军警拦住架走。我得此消息，即想方设法走门路，四处寻找，都不见踪影。有几次好不容易打听到一点线索，赶到那里，却又被他们转移了，就这样，整天不停地打听和寻访，都始终见不到。三天后，记得是4月27日，终于传来了他的噩耗。我听到消息后，心想飘萍希望我是他的一只臂膀，而我却没有能够保护好他，一阵心痛，就昏倒了。第二天，我胞弟寿南找到了飘萍就义的地方，当即安排起柩，重新整殓。当时，为了预防张贼斩草除根，特意把飘萍的贵生、祥生两个儿子藏了起来，没有让他们参加丧葬活动。张贼知道我们为飘萍办理后事的消息以后，扬言要倒棺割头，碎尸万段。我与胞弟设法，将飘萍灵柩移藏多处，最后安置于北京近郊的天宁寺，厝放在用水泥浇砌的棺椁之内。我弟弟为姐夫丧事东奔西跑，劳累过度，也于同年患脑充血病故于北京。以上是我与飘萍相识一年，夫妻七年的简单经历。

由于飘萍遭到惨杀，再加上弟弟在同年病故，我受了极大的刺激，整天昏昏沉沉。我母亲接连失去了爱婿和爱子，也急得病倒了，医治了一段时间以后，身体才稍稍好些。此后，在张季鸾先生的帮助下，我们母女为了改换一下环境，逐步移居于天津、上海等地，最后返回故乡无锡。由于自己身体虚弱，又有心脏病，失去劳动能力，生活一直比较困难。

飘萍被害后第二年8月里的一天，我家门外有一个被遗弃了的婴儿在啼哭，我母亲抱了回来，劝我留下来作为养子，以便将来有个依靠。我曾多次滑胎，每一次，飘萍都安慰我说："没有关系，以后你可以领一个聪明的小天使嘛！"想起他的话，我决定把这个孩子留下来，取名韶华，作为对飘萍的纪念。不料这件事引起了邵家公公的误会，他听信了旁人的挑拨，怪我不为飘萍守节，硬说这孩子是我改嫁后跟别人生的，使我蒙受冤屈，有口难辩。我虽然遭到误会，但是并没有因此减弱对飘萍的感情。在家乡期间，曾经有不少人向我求婚，也有不少亲友劝我改嫁，都被我拒绝了。我想，再也不可能碰到像飘萍这样的好人了。从1926年到现在，已经56年过去了，我扪心自问，对飘萍，我的感情是坚贞的，我对得起他生前待我的一番情意。飘萍九泉有知，也一定会理解我的。

关于飘萍的二三事

祝文秀　口述　　祝韶华　记录整理

对付流氓们的破坏和纠缠

飘萍在杭州与杭辛斋合办《汉民日报》时，地方恶势力经常唆使地痞流氓前来勒索和捣蛋。飘萍不买他们的账，流氓们忌恨在心。有一天下午，流氓们公然窜进报社纵火破坏，刚刚把火点着，就被报社里的人发现，迅速将火扑灭，使流氓们的破坏活动未能得逞。一天下午，飘萍刚写完一篇稿件，出门散步，没走多远，就又有一群流氓前来纠缠。其中一个跑步冲向飘萍，故意将他的眼镜撞落摔碎，企图挑起事端，动手打人。飘萍不为所动，泰然自若地把眼镜拾起来，放进口袋里，抬腿就走，临行还向他们拱手说："对不起！"流氓们无法下手，只好作罢。

给县官看臭虫

1913年前后，《汉民日报》被封，飘萍被捕入狱。狱中昏暗潮湿，臭虫很多，狱吏们从来不管。飘萍狱中无事，就弄来一张纸，将一只只臭虫捉起来，包在纸内。出狱的那天上午，县官提他问话，无非是打一通官腔，最后问他："你还有什么话要说？"飘萍回答县官说："县太爷！你这里别的还可以，就是这个东西让人不得安宁，请你看看！"说着随手把纸包打开，把臭虫撒在县官的书案上，爬得满桌都是。县官吓得连忙躲开，并立即把差役唤来，让他们赶快把臭虫弄掉，当天下午就把飘萍释放了。

当了眼镜发信

飘萍喜欢周济人，对有困难的人非常关心体贴。别人有所需求时，只要他袋里有钱，总是慷慨帮助，即使弄到自己一文不名，他也不在乎。有一次为了帮助一个青年学生买书，他将自己口袋中的钱全部送给了他。回到家里给朋友写信，信写好了到邮局付邮时，才发现口袋里连一分钱也没有了，只好临时把戴在脸上的一副眼镜当在邮局附近的当铺里，才把信发走。

登报招领学费

飘萍对青年们的失学很同情，总是鼓励他们抓紧一切机会努力学习，不断地提高自己。青年们因为经济困难，上不了学，有求于他时，他总是热情地帮助，直至无条件地承担它们的学费。每逢新学期开学，不见原来接受他帮助的年轻人前来领取学费时，他都很着急。知道地址的就写信去查问，住址不清楚的，就在报纸上刊登启事，催他们快点来领，使接到来信和看到启事的人，很受感动。

我代飘萍送信

从日本回国后，我就经常为飘萍秘密送递信件，往返于京津、东北等地。

飘萍每次要我代他去送信时，总是先朝我上下打量一下，然后把信拿出来，告诉我送信的地点，同时叮嘱我衣装打扮要华丽一点、阔气一点、有派头一点，应对时要机灵一点。

有一次到东北奉天去送信，刚下车，就发现有人在把关搜查。那一次我穿得很像样、很漂亮，出站时，装出一副贵夫人的派头，一边等候搜查，一边拿出小粉镜盒子，对着里面的小镜子，给自己涂脂抹粉（其实那封秘密信件就放在粉盒的夹层里面），几个搜查的人朝我上下打量了一下，吃不透我是个什么样的人物，问也不敢问就放我过去了。我心想，这次幸亏飘萍关照我穿得漂亮，不然很有可能被他们搜出点什么来。

又有一次，我到天津去送信，自以为天津地方熟，认得的人多，思想上有点松懈。下了火车，走了一段路以后，才发现有一个穿了一身短打，头上低低地戴着一顶圆盆帽的家伙，老是在我的后面盯着，不紧不慢地保持一丈左右的距离。我立即想起飘萍说的话："当心碰上眼线，如果碰上了，就要想法甩掉他。"我就先到冷饮店里去吃冰激凌，哪知那个家伙也到这个店里吃冰激凌。我吃了一半，撂下就走，刚出店门没多远，他又跟在我后边了。我故意走进一家商店，假装买手帕，他也跟进了这家商店，一边东张西望地假装看商品，一边斜着眼睛盯着我。我心想，今天不好了，要出事了！正在着急的时候，忽然想到有一个警察分局的局长是我以前认识的，就冒险雇了一辆人力车，来到那个警察局。下车后，正想跟门警打听一下那位局长在不在，没想到那个门警是跟随那位局长的，认识我，迎上来招呼说："太太！您来了！局长在里面呢！"我朝他微笑点头。他说了声："请！"我就应了一声，昂首走了进去，就这样，终于甩掉了那个尾巴，完成了那次送信任务。

深切怀念父亲邵飘萍

邵贵生

今年是我父亲诞生100周年。他是在民国初年，军阀混战的时期，怀着强烈的“新闻救国”的志愿走入新闻界的。他以报纸为武器，宣传真理，揭露黑暗，对我国的新闻事业做出了应有的贡献，使自己短暂的生命焕发出光彩。

我父亲出生于浙江金华，是这块肥沃的土地培育了他。他疾恶如仇，不畏强暴，追求真理，正气浩然。毛主席评价我父亲是个具有热烈理想和优良品质的人。

父亲从1912年开始在浙江杭州主编《汉民日报》。1918年10月在北京创办《京报》。他以犀利的笔锋针对时弊，揭露北洋军阀之间的钩心斗角、争权夺利的丑恶内幕；声讨政客们卖国求荣、残害人民的罪行。他对马列主义、对苏联十月革命的胜利和我国爱国群众运动热情歌颂。因此，《京报》创刊不久就成为北方反帝反封建的坚强阵地之一。这一切势必触痛反动军阀。他们恨之入骨，以软硬兼施的手段对付我父亲。但是逮捕、坐牢、查封报馆、重金收买等，都丝毫不能动摇父亲的斗志。1926年4月终被奉系军阀张作霖以“宣传赤化”为名杀害。

缅怀父亲的一生，是为真理，为正义顽强战斗的一生。他是我们学习的榜样。

新中国成立后，经毛主席亲自批准，追认我父亲为革命烈士。金华县人民政府颁发了烈士证书。在“文化大革命”中，父亲的名字遭到了玷污，烈士的遗物遭到查抄，亲戚也被株连。如今沧桑巨变，历史已翻开新的一页。党的十一届三中全会以来，祖国形势日新月异，《京报》馆旧址已列为北京市重点文物保护单位；我本人现在是北京市第六届政协委员；母亲汤修慧在经济上和生活上都得到了优待和照顾。这些年来，党和政府无微不至地关怀，更激励我们要学习父亲的精神，努力为祖国四化事业贡献力量。

金华地区为我父亲诞生100周年举行盛大的纪念活动，我们全家受到很大鼓舞。我谨代表我母亲汤修慧向家乡人民表示衷心的感谢。最后祝愿家乡在振兴中华、建设祖国的洪流中不断前进！

（原载于《金华日报》，1984年11月2日）

忆飘萍

胡逸民 口述 陈小华 记录

提起邵飘萍，一个敏捷多才、疾恶如仇的报人形象顿时浮现在我眼前。他于1926年牺牲在奉系军阀的屠刀下，时间已流逝了半个多世纪，但历史的浪潮并没有冲刷掉我对他的记忆和缅怀。

1905年，我只有16岁，为追逐时代的潮流，考入新兴办的金华中学。学校附近有一个用布搭成的照相摊，做当时尚为罕见的拍照生意。少年好奇，我们一帮学生课余假期常到那儿去玩。店主汤氏渐渐与我们熟稔后，每天带着矜夸的神情向我们谈起他的女婿——邵镜清（即邵飘萍）。从他的谈话中，我们得知邵飘萍自幼好学，天资聪颖，14岁即考中秀才，当时正在浙江高等学堂就读。在那时发行的《申报》上，我们还时常看到他写的通讯，果然洋洋洒洒，才华横溢。我虽未能获得与他见面的机会，心中却已留下了深深的印象。

我25岁时，毕业于浙江公立法政专门学校，经孙中山先生引导，参加了辛亥革命。1923年，胡汉民赠我5000块大洋，托我到北京办报，宣传资产阶级革命。于是，我单枪匹马直赴北京，在骡马市大街魏业胡同创办《国风日报》。这时，邵飘萍正在北京办《京报》。他是报界巨擘，名声赫赫。我未从事过报业，便登门求教于他。

出现在我面前的邵飘萍是一个方方脸庞、白皙肌肤的中年人。他虽多年在北方办报，仍是满口金华话。北国遇同乡，分外亲热。我说："我们是初生的胎儿，请你多帮助。"

他痛快地回答："让我们一起共勉吧！"

从此，《国风日报》与《京报》经常联手抗衡，共同抨击北洋军阀横行霸道，荼毒百姓的种种残暴行径。邵飘萍还经常亲自为我报撰稿，文章写得又快又好。有时，我前去约稿，立等片刻，他就能写就一篇笔力犀利的文章，使我十分折服。

我们是同乡，又是同盟者，意气相投。报人生活清苦，我与他相聚叙谈时，时常到小店里吃一碗面条。谈话间，他总是对反动军阀张作霖、张宗昌痛骂不止，毫无顾忌。

1926年，北京爆发"三一八"惨案。邵飘萍更是不畏强暴，在报上发表大量文章，揭露惨案真相，严正谴责北洋军阀是帝国主义的帮凶、屠杀人民的刽子手。我曾经为他的安全担忧，劝他："要留神残暴的军阀，不要骂得太过分。"他只是冷笑几声，并没有显露出畏缩的神态。谁知过了不久，奉系军阀竟真的对他下了毒手，一代报人以身殉职。《京报》被封后，我们《国风日报》也随着被查封了……

今年11月1日，是邵飘萍诞辰100周年纪念日。值此令人难以忘怀的日子，我不禁遥告邵君，今日中华日益繁荣强盛，新闻事业蓬勃发展，君可含笑九泉矣！

（原载于《金华日报》，1984年10月24日）

荀慧生与邵飘萍

张伟君*　　侯　新　整理

今年是邵飘萍先生诞辰100周年。我无缘拜识邵先生，但慧生在世时，却时常向我忆及先生的为人。邵先生毕生从事新闻工作，办过报纸，也办过通讯社；当过主编主笔，亦当过记者；既熟悉报纸的编辑采访业务，又有报业经营管理方面的才干；不仅对新闻学的研究作出一定的贡献，更为宣传十月革命、宣传社会主义和支持南方革命政府而英勇捐躯。先生不愧为我国民主革命时期杰出的革命文化战士、著名报人、新闻教育的先行者。

邵先生为人谦恭热情，结交的多为贫寒之士；对梨园界同人也非常关心，杨小楼、马连良、韩世昌及慧生等，都是他家的座上客。特别对慧生更是关怀备至。邵先生不仅是慧生的挚友，更是慧生的师

* 作者系著名表演艺术家荀慧生夫人。

长。旧社会的戏曲演员，在那些达官贵人们的眼中，只不过是供他们取乐的“戏子”，是“下九流”，有谁看得起？而当时身为《申报》长驻北京记者、《京报》报社社长、我国第一个新闻学研究团体——新闻学研究会导师的邵先生，却视慧生为朋友和兄弟。慧生由于出身寒苦，为生活所迫，7岁就卖给河北梆子艺人庞启发先生为艺徒；整天练功、学戏、挨打，哪有条件学习文化？！是邵先生鼓励他学文化。邵先生对慧生讲：要做一个好演员，就必须明了戏情戏理，没有文化怎么行？在邵先生及其他一些朋友的鼓励下，慧生勤奋自学，终于闯过难关，能写会念了。这时，邵先生给他送来报纸，让他通过读报继续提高文化水平，还启发他记日记：既可以提高写作能力，又可以在忆及往事时有据可查。于是慧生于1925年农历九月开始写日记，直至1966年“文化大革命”初期被隔离审查止，几十年不辍。在这些日记中，记录了慧生的人事交往、演出情况，更多的是记下了他人演出后的观感，是一部研究荀派表演艺术的第一手宝贵材料。而这部难得的历史资料的奠基人，正是邵飘萍先生。

慧生与邵先生交往甚密。1925年农历九月廿二日，是邵先生40岁诞辰，慧生亲往邵宅祝贺。他在当天的日记中写道：“接邵电，请早到。（下午）六时赴邵宅道喜，少坐片时转至新丰楼，乃林唐甫请。座有：余叔岩、杨小楼、张翰举、林叔畏、五爷等，谈笑甚畅。八时归。十时又赴飘萍处，熟友甚多，闲谈。十二时余与马富禄合演《打樱桃》。”九月廿七日“邵飘萍因前约余客串，送礼。”同年农历十二月中旬，慧生受聘南下赴沪演出，邵先生不但亲往车站送行，还让慧生带去亲笔书信两封，托其在沪同人予以照顾。慧生抵达上海的第二天——农历十二月廿二日即去“《申报》见张竹平、交邵信；《新闻报》见严独鹤，交邵信。”此后，慧生与严独鹤先生也成为挚友。

慧生在与邵先生的交往中，还受到了邵先生革命思想的启迪。1926年5月30日（农历四月十九日）适逢“五卅”反对帝国主义运动周年纪念日，慧生在上海目睹了当日的纪念活动——“今日为‘五卅’纪念，适逢礼拜，各工厂、商店停工罢业一天，以示不忘国耻，誓雪国仇之意。车经三马路、四马路时，沿途行人甚多，类皆形似工人，观热闹者更不可胜数。各重要马路口，都有中、西、印巡捕武装站立，不准闲人停留聚众，并有救火会会员用水龙头驱散群众，马路上水渍甚多。各商店门首贴有‘五卅纪念，停业一天’‘誓报国仇坚持到底’等纸条。各巡捕杀气腾腾，行人极其杂沓：悲愤之容现于眉宇。归途经远东饭店，左近有数百人鹄立路旁，形势汹汹，有几部汽车为群众捣破。吾等汽车以朝前直开危险，拟向右转弯；后知中国人汽车可以无阻，故仍前进。不料正经群众面前，适有一武装巡捕汽车迎面驶来，与吾车险些相撞；大家争以木柴、竹棍、砖瓦掷之，秩序大乱；于喧呼声中，有枪声一响，不知可伤人否？……”爱憎之情溢于纸上。

1926年4月26日（农历三月十五日）邵先生以“宣传赤化”的罪名，被奉系军阀杀害。次日，慧生在报上见到这一消息后，悲愤万分，在日记中奋笔疾书：“阅报载：《京报》社长邵飘萍君于前日突然在京被联军执法处捕去，翌晨即在天桥枪毙。闻其因有‘宣传赤化’嫌疑，故捕之急而死之速也！噫，惨哉！回忆余客腊南下时，彼曾为余书介绍信二封，并设祖帐于车站，珍重道别，不意就此竟成永诀。人生如朝露，思之黯然。”

邵先生为宣传革命不能以天年终老，慧生也竟惨死在“四人帮”的兽行之下，这些历史往事须时刻牢记，因为这对我们国家的复兴是颇有意义的。

前些天，我怀着哀思之情，前往邵宅拜访邵夫人。邵先生的儿媳热情地接待了我，还陪我观看了当年慧生为邵先生祝寿演出《打樱桃》的舞台。从她的谈话中得知：党的各项政策均已落实，邵夫人贵体康健，全家人生活得很好。邵先生可以含笑于九泉了。

（原载于《团结报》，1984年12月15日）

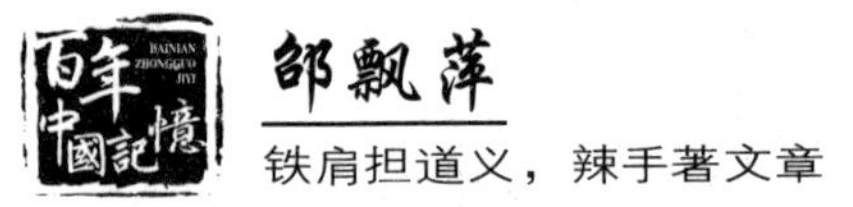

往事零忆

——纪念飘萍老师诞辰100周年

徐　芳

在飘萍老师诞辰100周年之际，北京和先生的家乡金华都有纪念活动。先生离开人世快60年了，身后颇为寂寥，如今有这么隆重的纪念，着实是令人欣慰的事。忝为先生的学生，岂能缄默无言？只是往事如烟，记忆模糊了。

我是私立平民大学新闻系第二班的学生，坚持读了六年（两年预科，四年本科），得了学士学位。据前年旧金山《华侨日报》介绍，中国最早五位得学位的女报人中就有平大新闻系毕业的两位：一位是汪竞英，能诗能文；另一位是徐凌影，便是我（“凌影”是我的号）。在当时的环境下，我能自费攻读六年大学，一是得周恩来总理和邓颖超大姐的引导，再就是邵先生的教诲了。五四运动时，我在天津女子师范就学，追随邓大姐从事爱国运动，编辑《平民》小册子。当时周恩来总理任天津学联会长，亲自教我们写白话文，使用新式标点符号，从此我爱上了新闻这一学科。进入平大新闻系以后，邵先生任系主任，并亲自为我们讲授采访学。尽管他在《京报》工作很忙，依然很关心我们的学习。他常对我们说，学新闻，光啃书本、学理论不够，要认识社会，了解社会。所以，他不仅组织我们外出参观，还介绍同学到报馆见习，鼓励我们向报社投稿，练习写作。他要求我们坚持学习，说能在学校坚持学习，还是比自学效果好。邵先生的话仿佛是对我说的，因此我坚持下来了，还在一次作文中写了自己的态度："既愧回愚，又惭参鲁……礼门义路，幸勿废自半途；圣域贤关，请合共登佳境。"这样的文章现在看来很可笑，但它的确表达了我从邵先生的教诲中得到的决心。

当时平大新闻系的课程多，门类复杂。邵先生告诫我们，博学多闻，对搞新闻是必要的；而且将来从事工作，又不知用得着哪一门。邵先生这些话，与现在常说的知识面宽、适应性强，意思很接近，像是要验证邵先生的话似的。我们毕业后，有位何兄（恕我忘了名字）即到《世界日报》担任校对长，他不但应付自如，而且多少年摆弄小样大样，始终安之若素，恪守岗位。验之何兄的事迹，邵先生教给我们的，岂止知识、技能，还有恪守岗位的职业道德哩。

邵先生在平大新闻系任教的时候，已是新闻界的巨子。他以"铁肩辣手"为座右铭，矢志"新闻救国"，大义凛然地鞭挞腐朽、痛斥时弊，先生的精神和行为本来就深受同志们景仰；加上先生循循善诱，指导有方，同学们多热爱自己的专业，注意向实践学习，努力积累新闻工作的实际经验。当时的所谓平大“三鸟”——一班的吴隼和二班的张友鸾、左笑鸿，就是深受先生熏陶又为先生所喜爱的三位尖子学生。笑鸿毕业后在《世界日报》任编辑多年，经常为香港等地的报刊撰写文章；张友鸾更多写小说、短文，至今仍写作不辍。吴隼在校期间就考取《北京晚报》见习生，又利用课余在郭绍虞主编的一个小报任助理编辑，一毕业便就任天津《商报》采访部主任，后又任天津《益世报》服务部主任。也是在邵先生重实践、重练笔的启迪下，我们几个同学办了以短文、小品为主的《烂漫》周刊，作为杨亦周先生主编的《河北日报》副刊的一部分，定期与读者见面。主要撰稿人有彭芳草、朱陟岩、敬树诚、高伯奇等。彭芳草向来研究哲学，1932年出任福建人民政府委员，这一政权被蒋介石镇压下去以后一直没有他的消息，不知健在否？写到这里，不禁想起邵先生的另外两位学生——杨善南和李树庭。杨善南是我们的班长，平易近人，很能联系同学，也深受同学的尊敬。可是他突然不来上课了，过了些日子，终于传来他被捕并囚禁在武汉监狱的消息，此后便毫无音信，或许牺牲了。李树庭与杨善南志同道合，也突然不见了；但愿他平安无恙，依然健在！假如他们牺牲了，那当是为人民的解放事业献身的。邵先生在平大新闻系的学生约百人，如今健在的不很多了。虽说逝者已矣，但他们中间不少人无愧于邵先生的栽培，毕竟令人感念。

平大新闻系师生间的关系很融洽。当时，学生们常去邵先生家。我和汪竞英是江苏人，更受邵夫人汤修慧女士的亲切接待。1925年西山会议时，记者云集香山，邵师母以《京报》记者身份去碧云寺采访，带我同去。她提携后学的用意，想来令人感佩。当时与师母的合影，我一直珍藏着，可惜在“文革”中连同其他一些可资纪念的物件一起散失了。

当年报载，邵先生正气凛然，在自己的笑声中饮弹。虽然随先生噩耗而来的，还有军阀施于平大的压力，如勒令停止教授俄语（第二外语）、用突然抽考侦伺学生思想等，多少同学并不掩饰自己的悲愤，或失声痛哭，或暗暗啜泣。固然师生情重、知己谊深，同学们终是为天下恸，不仅哭其私！邵先生岂止活在平大学生心中，也活在人民心中，今年的纪念，不就是很好的证明吗？！

（原载于《金华日报》，1984年10月31日）

附录一

《新俄国之研究》绪言

飘萍　**编著**

俄国以其历来政治与社会之种种特别原因。遂酿成一再革命之惨剧。列宁等利用机会。确立所谓劳农政府。以实行平素所主张之社会主义。手段猛烈。成效昭著。社会主义革命之声。使各国政府闻而惊慑。欲一致扑灭之。然又归于失败。于是劳农政府之屹然不动。且急遽以施行社会主义者。业已三年。各国政府虽嫉之。而各国中之社会党。却与之表同情者不少焉。此各国今日之对俄所以有承认与干涉皆无所可之态度也。

俄之壤土。与我国西北相接。外交上关系之重要。夫人知之。故俄国今日所行之主义。其善恶良否为别一问题。政府与国民欲求对俄外交之适当。自以研究俄事为第一要着。况俄国今日所实行之社会主义。非独在俄国之政治与社会中为空前之创举。实世界历史上之一新纪元。今后见社会主义之成功。其影响于世界将较诸美国独立。法国革命之威力尤著。然则我国朝野。无论在外交上有研究俄事之必要。而对此世界空前之奇剧。生活于此世界中之国民。胥不可不具正确之理解。又岂待言。

曩闻国人对于俄事深为注意。曾草《俄国新政府之过去现在未来》一文。载诸海内各报。顾以限于篇幅。未免过简。方今一般国人。非但苦于难悉俄国事之真相。且以某方面外交作用故意讹传之结果。对于革命后之俄国。每疑为奇离怪诞。非人间之生活。如所谓妇女国有之谣言。其一例也。记者欲贡献国人以判别俄事之常识。且为政府外交国民外交万一之助。爰再以搜讨所得者。东鳞西爪。汇为一编。且略兼历史顺序之体系。举革命后劳农新俄国之政治经济社会外交荦荦诸大端成二十四章。题曰"新俄国之研究"。海内留心俄事者。乞省览焉。

又本书附录中最有研究之价值者。为美国派使勃烈脱等之调查报告书全文。此项调查报告。在1919年4月。（去年）去今业已一年。无论一年之中。俄事已较其所报告者为进步。然即就此报告书研究之。俄人之如何百折不回。与种种困难交战。吾人可以窥见俄国国民性之一斑。而谓列宁派已成为其国内温和之共产党。尤足知某方面所传如何可怖之手段。为不尽实也。因欲促读者之注意。特附记数言于此。

直前勇往

武汉之师[①]，以孤军迎敌，不食不饮，血战至百数小时，阵云惨淡，炮雨纵横，为古今中外未有之剧战，令人闻之心为悚而神为壮。

今南京既下，东南已平，各省联军岂容置武汉而不顾？岂容置北部而不征？

惟大军向北，需款甚巨。宜速筹国债办法，以敷军用。各处绅商，亦宜共同一致，劝募军饷，以成此一篑之功。事成则幸福无穷，事败则死亡无日。吾辈既出于背水之阵，惟直前勇往乃有生机。如以余言为然，幸勿迁延观望。

（原载于《汉民日报》，1911年12月1日，署名镜清）

① 1911年10月下旬清军进攻武汉，先后占领汉口、汉阳。11月3日，黄兴在武昌就任革命军总司令。率领湖北民军与清军血战。

须弃冯袁

冯国璋[①]以奴隶之性，贪残之心，焚掠汉阳，惨杀同胞无算。

呜呼！此非人道主义之毒蛇猛兽人人得而诛之者乎？乃袁世凯之内阁方以其能涂炭生灵，赏给二等男爵，然则袁贼之居心可知矣。

粉冯之骨，碎冯之身，为汉阳人民吐冤气。褫袁之魄，斩袁之头，为中华民国定大局。

呜呼，男儿勉乎哉！

（原载于《汉民日报》，1911年12月2日，署名镜清）

① 清廷于1911年10月24日任命冯国璋为第一军总统，率部进攻武汉民军。11月27日冯国璋以攻下汉阳有功，被清廷赏授二等男爵。

定国安民之刍议

大局早定一日，则全国人民早安一日。此记者所以亟亟希望中华民国之完全成立也。

乃南京光复之电甫至，而汉阳失败之警旋来。得一南京不偿失一汉阳。然则大局之危，诚有如千钧一发者。

虽然，犹幸也。使汉阳失败而南京未下，则联军不能离南京而援武汉，又不能出奇兵以攻北京，是诚可危也。今观于昨晨之电，程都督[①]已从容莅沪，吾浙汤都督[②]且即日赴沪会议。是南京全局已定，东南一带之师，皆有暇晷，可以援武汉而攻北京。汉阳之败，固无损于中华民国之万一。

虽然，天下事无大小，凡成功必有机会，机会一失，不可复得。今日之机会为何？即京津一带兵民之渴望是也（参观昨日本报确凿有

① 原江苏巡抚程德全1911年11月3日被民军推为江苏都督。

② 汤寿潜，字蛰仙，浙江绍兴人。原浙江咨议局议长，1911年11月5日被推选为浙江军政府都督。

据之来函）。夫大军北上，谈何容易，器械军饷，在在为难。窃谓今日欲攻北京，兵不在正而在奇，不在多而在果。换言之，则所谓不必鼓行而前，以数十百敢死之士，与夫运动游说之客，奋勇前赴足矣。

夫鄂军一呼，万响皆应，不数日间光复者十余省。他省不具论，吾浙九月十四之夜，固未闻鄂军之鼓，未见鄂军之兵也。霹雳一声，白旗满目，夫亦由于人心之渴望而已。然则北京之易下，亦独何不然？

至于武汉，为长江流域重镇，民军重要之根据地，断不可以不守，宜急选东南精锐，星夜赴援。诚如昨日之电，民军已一鼓而复汉阳，则甚善也。即未能，而以东南全力克复汉阳，直指顾间事。一面坚守武汉，一面即统各省编成北伐之师，陆续进发，为敢死之士与夫运动游说之客之后盾。北京一动，虏前不得进，退无所归，不十日而犁庭扫穴之功见矣。昔韩信之败陈余，即斯策耳。

虽然，吾不尝言北上之非易乎？即以东南精锐，星夜而援汉阳，亦岂可无器械与军饷乎？故今日未赴战地之爱国志士，望韩信之成功，宜人人以萧何自任，结国民协济之团体，或以口舌，或以纸笔，派往各处，从事筹饷。目前筹得者，用之于武汉。陆续集成者，用之于北伐。本省经济之恐慌，则以军用钞票维持之。各处土匪之猖獗，则以民团商团镇抚之。万众一心，实力进取。无论汉阳之败，无损于中华民国之万一，即中华民国之完全成立，非即在此最后之十五分钟乎？仓皇之际，言不成文。爱国男儿，其亟兴起！

（原载于《汉民日报》，1911年12月3日，署名镜清）

悼健儿烈士

“可怜无定河边骨，犹是春闺梦里人。”居今日而读是诗，能不潸然泪下？

昨日沪军都督为历年殉义诸烈士及此次战死诸健儿，开追悼会于上海。精魂有知，亦可以少慰矣。

然而记者之意则以为，我苟生平抱大志，志未竟而天夺我年，则痛哭我者之爱我，不如竟我志者之爱我为尤甚也。人心大抵相同，诸健儿烈士之心何独不然！

势危矣！事迫矣！本追悼之意，合力一心，以竟死者之志，健儿烈士虽暴骨沙砾，当含笑于九泉。若以斯会为对于死者之应酬，而北伐之举终如水中月、画中饼，徒争目前，不顾大局，则死者后死之痛苦难受，且甚于炮子枪弹也。亦何必多此追悼为哉！

（原载于1911年12月18日《汉民日报》，署名镜清）

附录二

邵飘萍年谱

郭佐唐　**编写**

邵飘萍烈士一生当过记者、主笔、主编；办过通讯社、报馆。既精通采访、编辑业务，又有经营管理才干，对“新闻学”有较深的造诣：在几个大学讲授新闻学，编写出版新闻学著作，对培养新闻人才，奖掖后进，不遗余力。是当年新闻界罕见的全才。

他富于创新、开拓精神，敢做先人未做的事业：

第一个国人自办通讯社——新闻编译社；

第一个有系统介绍、研究新闻采访工作专著——《实际应用新闻学》；

第一个向社会主义国家展开国民外交——在北京中央公园来今雨轩以个人名义设宴招待苏联首任驻华大使加拉罕，并向苏驻华大使馆赠送“精神可师”锦幛；

第一个向国内介绍斯大林名字——见所著《新俄国之研究》；

第一个为宣传马克思主义而慷慨就义——早李大钊一年，是中国共产党早期的秘密党员；

他是中国第一个新闻学研究团体“新闻学研究会”的“倡议者、促成者”（罗章龙语）和实际负责者；

他是五四运动发难者之一；

他是最早主张联苏反帝，以俄为师的人。

他富有牺牲精神，为实现理想，追求一个光明的新中国，忍受一切人所不能忍受的挫折，勇往直前，对革命充满坚强的必胜信心，直至生命的最后一刻。

他的生命是短暂的，只活了四十一岁；他的事业是永存的，在中国近、现代史的发展中，起着积极推动的作用。

公元1886年（清光绪十二年，丙戌）　一岁

9月14日出生。名新成，字镜清，号飘萍，学名锡康，（一作镜清）以字行。笔名阿平、素昧平生。

冬，随父母迁居金华。

公元1887年（清光绪十三年，丁亥）　二岁

赖大姊新女抚抱看护。

公元1888年（清光绪十四年，戊子）　三岁

公元1889年（清光绪十五年，己丑）　四岁

公元1890年（清光绪十六年，庚寅）　五岁

随父亲在私塾上学。聪敏过人，过目成诵，能用刀在竹根上刻字、花纹。

公元1891年（清光绪十七年，辛卯）　六岁

公元1892年（清光绪十八年，壬辰）　七岁

公元1893年（清光绪十九年，癸巳）　八岁

有“神童”之目，誉满郡城。曾屡被郡守继良及知县王某差衙役背抱入衙内答对作诗，赏赐有加。

公元1894年（清光绪二十年，甲午）　九岁

日帝侵略中国的“中日战争”爆发。

随父在金华农村唐宅私塾就读。

公元1895年（清光绪二十一年，乙未）　十岁

4月7日，清政府与日本签订屈辱卖国的《马关条约》。

康有为、梁启超“公车上书”。

随父在金华农村天姆山私塾就读。

公元1896年（清光绪二十二年，丙申）　十一岁

随父在金华农村石门私塾就读。

公元1897年（清光绪二十三年，丁酉）　十二岁

公元1898年（清光绪二十四年，戊戌）　十三岁

“戊戌变法”开始不久，西太后发动政变，杀六君子，通缉康、梁，维新变法运动失败。

公元1899年（清光绪二十五年，己亥）　十四岁

入泮。学名邵锡康。考官嫌“锡康”二字不雅，为之改名镜清。按考试成绩应名列第一，考官为防其年幼骄傲，改以第十名入学。

公元1900年（清光绪二十六年，庚子）　十五岁

八国联军攻陷北京。

为入学进秀才回东阳紫溪“开贺”，并到戚友处“拜客”。

公元1901年（清光绪二十七年，辛丑）　十六岁

公元1902年（清光绪二十八年，壬寅）　十七岁

梁启超创办《新民丛报》。

公元1903年（清光绪二十九年，癸卯）　十八岁

继父坦楠（字良才）卒。

公元1904年（清光绪三十年，甲辰）　十九岁

光复会在东京成立，蔡元培任会长。

公元1905年（清光绪三十一年，乙巳）　二十岁

清政府下令废止科举，兴办学校。

公元1906年（清光绪三十二年，丙午）　二十一岁

北京杭辛斋之《中华报》被封，杭被递解回籍。

12月，秋瑾来金华。

仍用“邵锡康”名考入浙江高等学堂（浙江大学前身）肄业。在学期间，成绩冠侪辈。同窗有陈布雷、邵元冲等。

对梁启超“笔下常带感情”煽动力极强的政论文章很感兴趣，积极仿效，常给上海各报投写地方通讯。

公元1907年（清光绪三十三年，丁未）　二十二岁

秋瑾又来金华。7月15日，秋瑾被清廷杀害。

秋瑾被捕前曾有信给邵飘萍，迨邵飘萍收到秋信后得悉秋瑾已

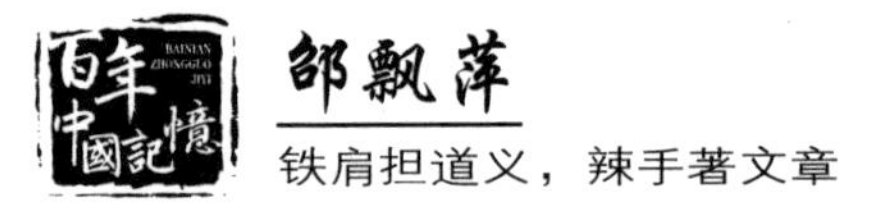

被害，邵飘萍对此慨叹不已。时邵飘萍与徐锡麟等均有联系。并搜罗秋瑾等人事迹。

邵飘萍认为救国之道，乃在办报以启发民智，“只有通过舆论来提高国民觉悟，才能真正救国”。遂立志终生做个真正的报人。

公元1908年（清光绪三十四年，戊申）　二十三岁

公元1909年（清宣统元年，己酉）　二十四岁

同盟会会员化名在北京创刊《帝国日报》，为北京有资产阶级革命派报纸之始。

进步文学团体“南社”成立。

邵飘萍在浙江高等学堂毕业，成绩优异。

受聘充金华中学堂历史、汉文教授。

与沈小奶结婚。

为上海报纸写通讯，并已成为《申报》的特约通讯员。

公元1910年（清宣统二年，庚戌）　二十五岁

陶成章在东京重组光复会，推章炳麟为会长。

邵飘萍父桂林与张恭（光复会分统，金华人）交谊颇深并曾营救张脱险。

长女乃贤生。

公元1911年（清宣统三年，辛亥）　二十六岁

10月10日，武昌起义，辛亥革命爆发。

成为“南社”成员。

公元1912年（民国元年，壬子）　二十七岁

袁世凯窃取大总统职位。

中华民国临时政府宣布《临时约法》规定：人民有言论、著作、刊行等自由。

袁世凯在北京大肆逮捕革命党人。

袁世凯先后查封《民国日报》等报馆。

年初邵飘萍辞去金郡教学工作，赴杭与杭辛斋合办《汉民日报》，邵飘萍任主编。不久，杭转入政界，报纸实际由邵飘萍独立负责。

邵飘萍被浙江新闻界推为省报界公会干事长。张恭曾赴杭探望邵飘萍。

主编《浙江公报》。

年初与汤修慧结婚。

公元1913年（民国二年，癸丑）　二十八岁

袁世凯刺杀宋教仁。

袁世凯曾派人两次谋刺邵飘萍未成。

邵飘萍以《汉民日报》作阵地，写了大量评论，对军阀政客进行抨击。5月9日时评栏署名镜清短文：“呜呼，共和国人民之生命财产！”谓：“人但知强盗可怕，不知无法无天的官吏更可怕！”矛头直指袁世凯，斥他“共和其名，专制其实”。

秋，《汉民日报》被查封。邵飘萍被捕下狱。

公元1914年（民国三年，甲寅）　二十九岁

袁世凯解散国会。捕杀国民党员。改责任内阁制为总统制，总统任期延长，连选得选任，得推荐总统候选人，为称帝作过渡。

春，邵飘萍在杭被营救出狱。由陆路回金华小住，再由父及汤夫人陪同从兰溪乘船赴杭（这是邵飘萍最后一次回金华）。为避袁缉捕，急走日本，入政法学校肄业。

时值日本蓄谋侵略中国之际，邵飘萍组织“东京通讯社”，继续与袁世凯作斗争。为京、津各报写东京通讯。主要内容为：预示日本将侵略中国；揭发“二十一条”的实质；报道东京反袁情况。

公元1915年（民国四年，乙卯）　三十岁

1月，日本向袁世凯提出旨在独占全中国的“二十一条”作为支持袁世凯称帝的交换条件。5月7日向袁世凯提出最后通牒，9日袁接受卖国条约。

12月袁世凯称帝。蔡锷在云南起义讨袁。

冬，素抱“新闻救国”志愿的邵飘萍，应上海新闻界电邀归国，主《时事新报》笔政。并为《申报》《时报》写反袁文稿，署名“阿平”，笔锋犀利。在全国舆论界，影响极大。口诛笔伐，使袁害怕，以十万大洋收买，被断然拒绝。

公元1916年（民国五年，丙辰）　三十一岁

6月，袁世凯死。皖系军阀段祺瑞上台。

12月，蔡元培任北京大学校长，次年1月到职。主张思想自由，取“兼容并蓄（一作‘包’）”主义。

邵飘萍被《申报》聘为驻京特派记者，7月离沪赴京。对军阀们的争地盘、抢官位，不惜残民以逞、媚外卖国等丑态及罪行，尽情揭露，愤怒抨击；把张作霖马贼出身的军阀形象，作了生动的刻画。

因感外人设在我国之通讯社任意左右我国政闻，深以为耻，于7月自办北京新闻编译社。为国人自办新闻社之始。

次女乃偲生。

公元1917年（民国六年，丁巳）　三十二岁

李大钊到北京大学任职。

邵飘萍代管《甲寅》期刊，一些内幕消息，即在此刊抢发。

长子贵生（宗谱上作桂生）生。

公元1918年（民国七年，戊午）　三十三岁

9月，《晨钟报》等八个报馆因揭露段祺瑞向日本大借款的消息而遭封闭。

10月14日，北京大学新闻学研究会成立，邵飘萍任导师，讲授《新闻学总论》。发行《新闻周刊》，首先采用汉字横排印刷。

按：邵飘萍系北大新闻学研究会主要负责人之一。创办新闻学研究会并担任导师，授课之目的，邵飘萍自谓："区区之意，欲为未来之新闻界开一生面。"积极倡导注重实践练习，注意研究实际问题。认为："新闻之学，期于应用，尤贵在多创造经验。对于原理及方法，各有心得与发明。故书者，死物也，只能助初学者开道以前进，不宜于纸上求剑而刻舟。"新闻学研究会的诸多学员，后来成为"五四"新文化运动的骨干。一些骨干学员如毛泽东、罗章龙、高君宇、谭平山等，后来成为共产党的早期党员或党的领导人。故该会可称为新闻兼革命之摇篮。

10月15日，创办独家报纸《京报》，自任社长。创刊词中说："必使政府听命于正当民意之前，是即本报之所为作也！"又在评论中说："民国以来，军阀所为者俱为祸国病民，今则必须国民共起，志同道合，协力以除之！"在编辑室大书"铁肩辣手"四字以自勉，并激励同人。而李大钊亦曾引用明杨继盛"铁肩担道义……"诗书联赠章行严，可见李、邵当年志趣观点一致之一斑。

10月20日，北京大学学生救国会《国民》杂志社成立，邵飘萍任顾问。（李大钊任指导，邓中夏任编辑）

公元1919年（民国八年，己未） 三十四岁

五四运动爆发。

邵飘萍为震惊中外的五四运动的发难者之一。5月3日晚7时，北大学生集会，全城高校派代表参加。邵飘萍应邀参加，并向到会者报告我国代表团在巴黎和会失败的经过和原因，激动地说："现在民族危机系于一发，北大是全国最高学府，应挺身而出，把各校同学发动起来，救亡图存，奋起抗争。"

2月，与另一夫人祝文秀结婚。

8月22日，段祺瑞下令查封《京报》，并行文全国通缉邵飘萍。邵飘萍化装工人潜至丰台，转津赴沪，应日本大阪"朝日新闻社"之聘，再赴日本。在此时期，借助日文攻读《资本论大纲》《社会主义研究》《露国大革命史》等宣传介绍马克思主义的著作。

发表《对俄外交政策》论文，载京、沪各报。

次子祥生生。

公元1920年（民国九年，庚申） 三十五岁

3月，李大钊在北京发起组织"马克思学说研究会"。

7月，直系军阀吴佩孚联合奉系张作霖攻皖系。段祺瑞下台。

8月，张作霖入京。直、奉二系军阀控制北京政府。

10月，在李大钊领导下，北京共产主义小组在北京大学成立。成员有张太雷、邓中夏、罗章龙等。

邵飘萍在日本除从事新闻事业外，还研究各国政治动态。半月时间著成《综合研究各国社会思潮》及《新俄国之研究》二书。介绍马、恩学说，对马、恩推崇备至。认为马克思主义授劳动阶级以一极大之武器，授劳动者以必胜之券。并对列宁十分钦佩赞扬，确认十月革命在世界历史上是一新纪元。

去日本前著有讽刺剧《醋海黄鱼》，交上海各剧团演出，轰动一时。

在日本曾登门造谒孙中山。与黄克强、陈英士、黄膺白、陈友仁诸党人结识交往。

与李大钊也在此时相识，并以激烈反对“二十一条”而共获声誉。

秋，邵飘萍偕另一夫人祝文秀从日本动身，途经朝鲜逗留一天后返国。一心致力于复活《京报》。（9月20日复刊）以《京报》“供改良我国新闻之试验”，是邵飘萍的夙愿。此回从日本带回了报业的先进经验，并付诸实践。集资新建报馆于宣外魏染胡同，采用了比较现代化的设备。内部的组织和编辑方法，也都进行了改革。落成后，邵飘萍欣喜地为新报馆题字，并将报馆照片制成明信片分赠各方。决心把《京报》办成表达公正舆论的武器，反帝反军阀的阵地。邵飘萍尝谓：“贫贱不能移，富贵不能淫，威武不能屈，泰山崩于前，麋鹿兴于左，而志不乱。”与革命力量配合向帝国主义、封建军阀作坚决斗争。

发表《避妊问题之研究》论文。认为人口应按计划控制生育，讲求优生，主张少生少死，少生多教。

在《东方杂志》发表《俄国新政府之过去、现在、未来》文章。

公元1921年（民国十年，辛酉）　三十六岁

7月1日，中国共产党成立。

7月23日至31日，中国共产党召开第一次全国代表大会。

《京报》与李大钊等有紧密联系。已负有在北方宣传革命的神圣职责。

应聘担任北京大学新闻学教授。

经过精心设计安排，把祸国殃民的军阀的照片，刊登在1921年元旦《京报》特刊上。每张照片都有惊心触目的标题。如：“奉民公敌张作霖”“直民公敌李景林”“鲁民公敌张宗昌”等，使受者切齿，读者快意。特刊一出版，被抢购一空。

公元1922年（民国十一年，壬戌）　三十七岁

第一次直、奉战争爆发，奉军全部出关，北京政权落入直系军阀手中。

苏俄政府代表越飞等到京。

中共在北方发起非宗教运动，刊印《非宗教论》一书。该项印刷、铸版均由邵飘萍所主办的昭明印刷厂承印办理，义务援助。

邵飘萍主张联苏反帝，倡议中苏建交，以“早达中俄两国互相携手，共维远东大局之目的”。

幼女乃奇生。

公元1923年（民国十二年，癸亥）　三十八岁

苏俄代表越飞奉调回国，派加拉罕为驻华全权代表。

直系军阀勾结帝国主义镇压工人，“二七惨案”发生。

直系军阀曹锟，以五千银圆一票的代价，贿选为总统。

1922年12月30日，苏联第一次苏维埃代表大会召开。1923年1月7日，《京报》立即以大字标题作了报道。以后陆续刊登该会各项文章，并进行赞扬。对中国共产党机关刊物《向导》和中共北方区委机关刊物《政治生活》的介绍也非常热情，对李大钊、瞿秋白的演讲和文章，积极刊登。

1月9日，沈夫人卒。

5月5日，是马克思诞生一零五周年纪念日，《京报》为此出纪念特刊，随报附赠。

中国共产党领导的“二七”大罢工，邵飘萍热烈支持工人斗争，怒斥军阀枪杀工人的暴行。军阀吴佩孚、萧耀南在案头钉有“邵镜清”名片，视之为眼中钉、肉中刺。

北京平民大学设立报学系（一作新闻系），邵飘萍为系主任、教授。

著《实际应用新闻学》，为我国第一部研究新闻采访工作的专著。

前著《综合研究各国社会思潮》购阅者甚为踊跃，已再版三次，在群众中影响极大。

为家乡东阳紫溪撰《云峰寺记》，云："余素不信宗教……念古迹保存之责任，我邵氏义不容辞，情所应尔。"

公元1924年（民国十三年，甲子）　三十九岁

列宁逝世。

5月，中苏宣布恢复正常外交关系。

北京政府通缉李大钊。

9月，第二次直、奉战争爆发，直系将领冯玉祥回师北京，囚禁曹锟，电邀孙中山北上，共商国是。

11月，奉系军阀首领张作霖率兵进京，控制北洋军阀政府。段祺瑞任北京临时政府执政。

孙中山扶病入京。

第一次国共合作，《京报》积极支持。

邵飘萍参加中国共产党，介绍人为李大钊、罗章龙。

中苏建交后，邵飘萍以国民身份个人名义在北京中央公园（即后之中山公园）来今雨轩设宴招待苏联驻华第一任大使加拉罕，并向苏联驻华大使馆郑重赠送"精神可师"锦幛。

冯玉祥驻军京郊南苑，举行阅兵，邵飘萍应邀参加。建议冯驻军西北，建设边疆。冯对此大加赞赏，后来逐步实行。邵飘萍并建议冯赴苏学习，将部队改编为国民军，与南方革命力量取得联系。

写成《新闻学总论》出版。

兼任北京务本女子大学校长。

将平民大学毕业生王宝英（邵飘萍大姊新女之女）通过党组织送往苏联莫斯科东方大学留学。

12月，创办《京报图画周刊》。孙中山北上途中拍摄的照片，托人送《京报》，即在《图画周刊》创刊号上刊出，标题是："全国景仰之中山先生。"

冬，开始与鲁迅相识，鲁迅曾造访邵飘萍家。

12月，《京报副刊》创刊，请孙伏园为主编，得鲁迅的全力支持。鲁迅有大量的杂文及文章，先后在《京报副刊》刊出。

公元1925年（民国十四年，乙丑）　四十岁

3月，孙中山逝世。

春，英、日帝国主义者先后屠杀中国工人，"五卅惨案"发生。在中国共产党的领导下，上海工人罢工、学生罢课、商人罢市进行斗争。全国人民纷纷支援。大大提高中国人民的觉悟，揭开大革命高潮的序幕。

年初，《京报》扩充副刊。除每日有《京报副刊》外，并增设十二种周刊：《莽原》（鲁迅主编）、《戏剧周刊》《民众文艺周刊》《妇女周刊》《儿童周刊》《文学周刊》《电影周刊》《国语周刊》《小说周刊》《图画周刊》《西北周刊》《教育周刊》和三种半月刊：《北大经济学会半月刊》《社会科学半月刊》《诗学半月刊》。此种兼日报与杂志之长而有之的办法，在北京则《京报》开始。这种刊物的多样化，也是对报业的一大贡献。这些副刊，为青年、大学生及社会名宿提供针砭时弊、施展学术抱负的实践机会。多具有强烈的爱国主义精神和追随新思潮的进步倾向。

中国共产党领导的“五卅运动”一爆发，《京报》就作了长达二个月的连续宣传。指出：腐旧的军阀必归失败，帝国主义必遭覆没，革新派虽困苦艰难，千折百回，最后胜利必归于革新者！其报道规模之大，内容之广泛，形式之多样，旗帜之鲜明，在当时国内新闻界是鲜见的。

从6月1日起至7月中旬，仅以“飘萍”署名的文章，就达二十八篇之多。尖锐揭露、愤怒斥责帝国主义者侵略野心，抨击军阀政府的既无耻又无能。

邵飘萍是“沪案失业同胞救恤会”（中共发动的）的发起人与董事之一，又是北京“中国济难会”的董事。

第二次直、奉战争爆发后，邵飘萍全力支持并赞扬奉军将领郭松龄回师沈阳推倒张作霖的斗争，揭露日帝侵华，张与日勾结卖国的阴谋。

张作霖曾以大洋30万元巨款向邵飘萍收买，遭到严拒。[①]

公元1926年（民国十五年，丙寅）　四十一岁

2月，英帝国主义在中国策动大规模“反赤运动”。

---

① 据祝文秀回忆口述。

日本帝国主义炮轰大沽口，并纠集英、美等国向中国提最后通牒。各界群众为此集会、游行，向执政府请愿，被执政府开枪镇压，死伤二三百人，是为“三一八”惨案。

张作霖与吴佩孚再次携手进攻国民军。

在革命统一战线推动下，1925年7月，广州成立国民政府。1926年春，《京报》以邵飘萍亲笔标题：“广州国民政府，论政治为全国第一”，表彰其革命功绩。轰动北方，深为军阀官僚痛恨。

“三一八”惨案发生后，邵飘萍连续工作两夜未眠。除亲自采访写稿外，还邀请鲁迅写稿。鲁迅写《可惨与可笑》《如此讨赤》《大衍发微》三文。惨案发生的当夜，邵飘萍发表讨段檄文：“世界空前惨案——不要得意，不要大意。”第二天晚上又写“可谓强有力之政府矣——举国同声痛哭，列强一致赞成！”的社论。20日又写了一篇尖锐的特写：“小沙场之战绩。”

邵飘萍与鲁迅等48人被通缉：邵飘萍名列第16，鲁迅名列第21。鲁迅避往厦门，邵飘萍未离京。

国民军于4月15日退出北京，驻南口。事先冯玉祥三次派鹿钟麟劝邵飘萍随军离京，邵飘萍在白色恐怖下坚持斗争，在《京报》编辑潘公弼被捕后，为固守舆论阵地，居北京东交民巷六国饭店暂避。4月24日，被报界败类张翰举出卖，回馆被捕。26日凌晨4点多，终被奉系军阀以“勾结赤俄，宣传赤化”罪名，杀害于北京天桥。临刑时神色坦然，向监刑官发笑，表现了革命的坚定性和必胜信心。

先是22日《京报》发表“飘萍启事”，此为邵飘萍之绝笔。

当此黑云压城，万马齐喑时，仅有个别进步报纸，敢于透露邵飘萍就义消息，而共产党地下刊物则为此事以春雷般声音大声疾呼国民觉醒，进行斗争，并缅怀英烈的高尚品德。[①]

噩耗传至浙东老家，邵飘萍生父桂林先生尚健在，三日三夜不食不语，家内不敢举哀，亲自撰联一首：

碧血洒天桥，与先烈同留正气；
青萍挥地府，愿义师[②]迅扫妖氛！

（本文承季晓岚、华德韩两位同志多所指正）

---

① 北京《晨报》4月27日载："邵镜清昨被枪毙……邵向监刑官狂笑数声。"

同日，北京《世界日报》头版大字标题"邵镜清以身殉报"。

中共《向导周报》一五一期雷音文章："北京舆论界平常反对帝国主义及奉系军阀最激烈之《京报》社长邵飘萍君被奉军枪毙……应当为邵飘萍之死而力争言论的自由和人权的保障！"并附刊邵飘萍西服肖像。又一五四期载："奉军在北京之暴行，北京各报多惮不敢言，惟《京报》社长邵飘萍以深刻讽刺之笔，据实直书，因此大遭奉军首领之忌……于4月26日枪毙。"

中共《政治生活》红色5月特刊载怀英文章，题为："邵飘萍之死。"怀德文章，题为："宣传赤化者处死刑。"

② 指国共合作后正在准备北伐的国民革命军。